ことばはフラフラ変わる

黒田龍之助

白水社

はじめに

原稿を書くのにいいかげん疲れ、コーヒーを飲みながら一息入れているところに、とつぜん仕事場の電話が鳴った。

カミさんからだった。

「なんかさ、さっき聞いたんだけど、比較言語学の授業はあなたに頼みたいらしいよ」

すべてはここから始まった。

カミさんの勤める外国語大学で、比較言語学の先生が夏休み前に体調を崩し、秋から授業が担当できなくなったことは、確かに耳にしていた。ただ、その先生の専門はアラビア語をはじめとする中東の諸言語なので、病気は気の毒だとは思いながらも、欠員のできた担当科目については、わたしとは無関係なはずだった。

大学で年度の途中から新たに教える人を急いで見つける。それがいかに骨の折れることかは、容易に想像つく。実際、比較言語学の担当者はなかなか見つからなかったらしい。中東の言語の専門家がいいとか、そんな贅沢をいっている場合ではない。人探しで苦労していたポーランド語の先生とレト・ロマンス語の先生は、困り果てた末にふと思いついた。

「そうだ、黒田に頼めばいい。いつも暇そうだから、引き受けるんじゃないか」

この台詞はわたしの妄想にすぎないが、はたして数日後、カミさんの予言どおり、比較言語学担当の話がわたしのところに舞い込んできた。

さて、どうしたものか。

そもそも、わたしの専門はスラヴ語学である。少なくとも本人はそのつもりでいる。

とはいえ、それが世間に認められているかどうかは定かでない。大学で英語を教えたり、言語学概論や語用論を担当したり、外国語学習に関する本などを書いていると、器用な便利屋に思われることはあっても、専門分野を持つ研究者とは見なしてもらえない。ロシア語をはじめとするスラヴ諸語のように、日本ではマイナーと信じられている諸言語に取り組んでいても、専門分野に関連する授業を担当させてもらえることはまずないし、本も書かせてもらえない。とくに本の場合には、外国語や外国語学習を広く扱ったテーマは喜ばれるが、ロシア語とかベラルーシ語などに興味を示す出版社はほとんどない（ただし、白水社は例外）。

ま、それでも、スラヴ諸語に対する興味を失ったわけではないんだし、いまでも新たに本を買っては、あれこれの言語について読んでいるには違いない。

それにしても、なぜ比較言語学の担当がわたしのところに回って来たのだろうか。

その答えは容易に想像がつく。

つまり、研究者が少ないからである。

他の科学と同様に、言語学には、時代によっても異なるが、研究者の多い分野と少ない分野がある。現代日本の言語学で研究者の多い分野としては、音声学、生成文法、意味論、社会言語学、認知言語学などが考えられる。反対に少ない分野には、比較言語学や語用論がある。

いや、なにも統計をもとに述べているのではない。ただ、音声学、生成文法、意味論、社会言語学、認知言語学については、専門を名乗る人がたくさんいるなあと感じているだけだ。比較言語学や語用論だって、専門家は存在するのだろうが、わたしのところに授業担当の依頼が来るくらいだから、きっと少ないんじゃないかと、勝手に想像しているのにすぎない。とはいえ、語用論のほうは最近急速に増えているようだけど。

ところで比較言語学の場合には、研究者の少ないこと自体が「比較言語学とはどういう性格の学問か?」という本質的な問題へと繋がっていく。

どうして比較言語学は研究者が少ないのか。

タイヘンだからである。

タイヘンな理由はいくつか考えられる。

まず、今では研究成果がなかなか上がらないこと。一九世紀に最盛期を迎えた比較言語学は、常識的な範囲はほぼ研究し尽くされている。したがって新たに論文を書くのは至難の業である。研究者は論文の数で勝負しなければならないのに、これでは量産が難しい。大学院生にしても同様である。修士論文のテーマには、決して選んではいけない。泥沼だ。

それから、多くの言語の知識が必要となることもタイヘンである。とくに古典語、つまりギリシア語とラテン語、加えてサンスクリット語の知識が要求されるのだ。さらにゴート語や古代スラヴ語などもできれば、理想的である。そんな人、日本に何人いるのか。わたしはほとんどダメだ。

比較言語学は、どんなに一生懸命に研究しても、ヨーロッパの諸言語以外では成果がなかなか上がっていないのが実情である。言語学は全言語を対象とすべきなのに、それでは非常に偏ってしまう危険性があるのではないか。

分かることはすでに分かっているので、そのあとに出てくる新説は、かなりの「トンデモ説」が多い。自分に都合のいい例ばかりを集めた「発見」や、強引に話を進めようとするシロウト学説に惑わされないで、真実を見極めるのは容易ではない。とくにわたしの大嫌いな、安易な日本語系統論に繋がることも少なくないから、ちょっとした論文を読むにも、細心の注意が必要である。

う〜ん、あまり近寄りたくない分野だ。

それでは、どうして大学では比較言語学の授業が開講されているのだろうか。

それは言語学の基礎だからである。

言語学のどんな分野を専攻しようが、比較言語学は必ず勉強しなければならない。それほど重要な分野なのだ。科学としての言語学はこの比較言語学から出発したという意見さえある。

さらに大学院入試における言語学科目では、毎年どこかで必ず出題されるはず。かつて雑誌「月刊言語」（大修館書店）に掲載された大学院入試問題を眺めていれば、それがよく分かった。それも今では休刊になってしまっているけど。

重要なわりには、手薄な分野。

やれやれ、それじゃひとつ、担当することにしますか。

だが、イヤイヤ担当するわけではない。わたしは比較言語学に興味がある。

もちろん、スラヴ語学の観点からの関心は非常に強い。スラヴ諸語が互いに似通っていることや、その歴史的な繋がりについては、常に関心があり、それに関する本もあれこれ覗いてきた。そもそも、インド・ヨーロッパ語族内にスラヴ語派というグループが形成されているのは、比較言語学の成果である。

だが、スラヴ諸語を中心に授業をおこなうわけにはいかない。外国語大学では、受講生はさまざまな言語を専攻している。わたしがまったく知らない、アジアの言語を学んでいる学生だって講義を聴くことだろう。それを無視して、ヨーロッパ的言語観を彼らに押しつけるようなことはしたくない。

比較言語学の魅力は、複数の言語を対象にすることである。言語学の中には、一言語を研究するだけで完結する分野もあり、そういう分野の研究者は、それに何の疑問も感じていない。だがそれは個別言語学ではないか。ある言語で証明できることが、すべての言語に普遍的とは限らない。そういった研究には、これまで常々疑問であった。とはいえ、普遍性ばかり追い求めるのもどうかと思うけど。

そうか、単なる比較言語学というより、「複数言語学」というつもりで、複数の言語を対象とするときの考え方を紹介する授業にしたらどうだろうか。そうすれば、ヨーロッパ言語至上主義に陥る危険も、多少は回避できるかもしれない。

そこで授業のための方針をまとめてみた。

まず伝統的な比較言語学の全体を一通り述べる。

加えて歴史言語学、つまり言語を通時的観点から概観し、部分的にはその方法論も紹介する。ただし、あまり詳しく取り上げすぎると複雑なことになるし、ヨーロッパの言語ばかりに偏ってしまうので、ごく表面的なことを全体的に語る。アジアの言語が専門の人にも有益な授業を目指したい。

また系統とは別にことばが変わっていく例として、言語接触やピジン・クレオールなどにも言及する。言語政策のような人為的なものも含めたい。

共通テーマは「言語の変化」である。言語はどうして、どのように変化するのか。それを比較言語学や歴史言語学だけでなく、さまざまな角度からアプローチしてみよう。

こんなわけで、急な依頼ではあったものの、比較言語学を担当することに決めたのである。自分でもイマイチ不案内な分野について講義する。そこにはとつぜん鳴った電話のベルがもたらすのとはまた違った不安が広がる。ただ、なにか新しいものに出合えるのではないかという期待も、充分に予感していた。

本書は、このときの授業を再現したものである。

この講義のため、さまざまな文献を読んで、その知識や考え方を学んだ。それをまとめたものなので、結果として今までに書いたどの本よりも、専門家による研究に頼っているところが多い。学術論文ではないので厳密な注釈はつけないが、引用させていただいた部分については、必要に応じて出典を明示するようにした。

授業では講義のほかに、わたしが出題するテーマに沿って受講生に論述をしてもらった。その中で面白かったものは授業中に紹介していたので、本書でもそのようにしたい。受講生があれこれ考えたことは、言語学を考える上で大切なヒントになっていることがたくさんある。

言語学では考えることが大切だ。単なる暗記科目ではない。

もくじ

デザイン　三木俊一（文京図案室）

1 言語が変化する理由を想像する

言語学が難しい理由

人は毎日ことばを使っている。したがって言語は非常に身近な存在であるはずだ。ところが不思議なことに、その言語の科学である言語学は、難解なイメージがつきまとうためか、とかく敬遠されてしまう。

確かに言語学は分かりにくい。その最大の原因は、抽象的になってしまうからではないか。まず、言語学というからには、あらゆる言語に当てはまる現象に正面から向き合いたい。するといろんな言語のいろんな現象が登場して、それだけで充分に複雑になってしまう。そこから導き出される理論が、分かりやすいはずがない。

さらに、言語の基本は音である。その音は目で見ることができない。これもまた言語学を難しくしているのかもしれない。

現代人はビジュアル型が急増している。

そうなるのも当然だ。テレビは親切を通り越して、鬱陶しいほど画面にテロップを乱発する。教材はなんでもかんでもカラー印刷にして、外国語だったら語尾変化する部分を鮮やかに色分けする。もっとも、そういうことができるのは「メジャー」な外国語に限った話であり、わたしのようにロシア語なんかの入門書を作っていると、二色刷りでも充分に贅沢で、ふつうは黒のみで我慢しなければならないのであり、考えてみればこういうのは差別ではないか……。いや、愚痴はよそう。

それで、ビジュアル型現代人は音声による話が理解しにくい。そんな彼らに分かってもらうためには、図版や表を駆使して、詳しく説明しなければならない。耳で聞いただけでは論理についていけないのである。

ということで、一般的に抽象論は嫌われる。

こちらだって、なんとか分かりやすく伝えようと、努力はしている。だが、分かりにくい話を分かりやすくする方法が、そこらに転がっているわけではない。あったら教えてほしい。

分かりやすくするため、たとえ話を用いるという方法がある。これは言語学の入門書などでも、盛んに使われている手段だ。だが、失敗している例も少なくない。無理して盛り込んだたとえ話は、かえって分かりにくくなってしまう場合さえある。どの本がそうなのかは、とてもいえないが。

この先は、頭の中であれこれ考えたことをもとに、話を進めていく。分かりにくいかも知れないが、ご了承ください。

「言語」と「ことば」

難しくなる原因としては他にも、用語の使い方が一般のものとは異なることが考えられる。

たとえば、すでに出てきているが、この本では「言語」と「ことば」をはっきり使い分けている。「言語」とは体系であり、文法知識のまとまりを指す。考え方は抽象的だが、その体系のおかげでわたしたちは話したり書いたりできる。

それに対して、具体的に発せられるものは「ことば」ということにしたい。こちらは具体的で、人がその場その場で使っているもののことである。

外国語学習で考えると分かりやすい。教科書や文法書に載っているのが「言語」であり、これは勉強の対象となる。だが実際に現地に行ってみれば、人はさまざまな話し方をしている。こちらが「ことば」なのだ。

抽象的な「言語」と具体的な「ことば」では、どちらが言語学的に捉えやすいかといえば、意外にも抽象的な「言語」だったりする。具体的な「ことば」はいろんな要素が入り込んでいるので、まとめるのが難しい。それよりも決まり事としての文法知識のほうが、ずっと安定している。抽象的だからといって、必ずしも扱いにくいわけではない。もちろん、具体的な「ことば」がなければ話にならないわけで、この二つはどちらも言語学では欠くことのできない概念なのである。

こんな説明をすると、言語学をすこし齧ったことがある人は「ああ、ラングとパロールのことね」などという。そうなのだが、大切なのは用語ではなくて考え方である。違いが正しく理解できれば、なんでもいい。わたしは「言語」と「ことば」という日本語を使って説明していく。

ついでだが、《言葉》という漢字表記をしたくないのは、わたしの個人的な趣味である。「言」は「事」と同じ語源だとか、「葉」は豊かさを示すとか、さらには和の心がどうだとか、そういう情緒的な要素が入ると、言語学の本質が理解できない。漢字の当て方にも意味があるだろうが、ここはひらがなで書き表わすことにして、日本人の言語観ウンヌンは扱わないことにする。

言語は変化する

この本のテーマは言語の変化である。

言語が変化することは、言語学の常識だ。

今ではこの認識もだいぶ広まってきた。しかし、「言語の変化」が悪いことだと考える人は、相変わらず存在する。偏屈な老人ばかりではない。不思議なことに、中高生は保守的である。新聞の投書欄で《正しいことば遣いをしよう》なんて主張するのは、意外と未成年だったりするのだ。二〇年足らずの言語活動からエラソーな結論を出してもらっては困るのだが、言語学は判断を下してはいけないので、わたしは静観することにしている。

言語は変化するというものの、それには非常に長い時間がかかるので、それを観察することは難しい。そこで、頭の中で論理的に推測することが必要となってくる。

変化といっても、十年前と比べて最近は違ってきたなどというのは、たいしたことではない。なかでも語彙は、非常に変化しやすいものである。自然に変わるだけでなく、意図的に変えることだってできる。新しいところでは「看護婦」をやめて「看護師」にするとか、そういう例はいくらでもあるではないか。だが、それは本質的な変化ではない。これくらいでは、変化を観察したうちに入らない。

もし言語が短期間で大きく変化してしまうものなら、世代が違うだけでコミュニケーションができなくなってしまう。年齢が違えば、通訳をつけないと会話さえ成り立たないことになる。

ところが実際にはそうなっていない。非常に限定された状況、たとえば移民とか、標準語の転換といったものを除けば、ふつうはコミュニケーションができている。言語は年齢の差を超えて通じるものなのだ。ただし世代間のギャップについては、ここで取り上げない。

では、言語が変化することはどうして分かるのか。

たとえば古い時代の記録を見てみる。古文書などに書かれた言語は、現在の言語とは違っていることが多い。もちろん、古い記録が残っていない言語ではこれができない。しかし口伝も含めていろんな記録が伝わっていれば、それを並べて観察することができる。そうするといろんなことに気づく。記録が古ければ古いほど、その隔たりは大きくなっていることを発見する。そこから、言語は時代とともに変化してきたことが推測されるわけだ。

言語学でいう「言語の変化」とは、このくらいの時間感覚でいっているのである。つまり、個人が体験できるようなレベルではない。

ところで「昔はよかった」という人は多いが、それがどのくらい前のことを指すかは甚だ曖昧である。

個人が体験したせいぜい数十年前、なかにはほんの二、三十年前を懐かしがっているのにすぎない。ときには中高生までが「昔はよかった」などと嘆いていて、そのあまりの早熟さに驚く。

これは言語についても同様である。「昔はよかった」という意見によくよく耳を傾けてみれば、実はほんの数十年前ということもある。もちろん、明治時代や江戸時代、なかには平安時代の王朝文学を妙に絶賛する人はいる。では古ければよいのかといえば、縄文時代や弥生時代に憧れる人はめったにいないのだから、不思議である。

また、どんな時代でも昔を懐かしむ人はいた。明治時代だって「昔はよかった」と嘆く輩はいたのだ。ただし、縄文時代や弥生時代については、記録が残っていないので不明である。

言語の伝承

言語は伝承されるものである。それも集団内で伝わるのがふつうだ。新しく加わったメンバー、これは赤ちゃんを指すことが多いのだが、言語はそのメンバーに伝えられる。当人は無自覚な努力によって、徐々にこれを身に付けていく。無自覚ではあるものの、努力していることを忘れてはいけない。「赤ちゃんが覚えるように、外国語を自然に身につけましょう」などという、英会話学校のキャッチフレーズは大ウソである。言語学を学ぶと、こういうインチキにも騙されなくなる。

大人は赤ちゃんに言語を伝える。その結果、同時代を生きる人々の間では、言語にそれほどの差が生じない。接触可能な世代間、たとえば自分から見て、曾祖父母から曾孫の世代では、伝達に支障があるほど違うことは、例外的な事象でも生じない限り、めったに起こらないはずだ。

はたして、おじいちゃん・おばあちゃん世代とコミュニケーションがとりにくいことはあるのだろうか。もちろん、使うことばに差異はあるだろう。それには語彙の違いばかりでなく、方言の差まで含まれるかもしれない。

しかし多くの場合は、ネイティヴだからなんとなく分かるのではないか。入れ歯の具合が悪いとか、そういうことがなければ、誰かに助けてもらわないとまったく通じないということは、非常にまれなケースである。ある学生によれば、おじいちゃんの方言が分かりにくくても、お年玉をもらうためには頑張れるそうだ。基本はコミュニケーションである。ただし、異なる言語を母語としている場合は、この限りではない。

おじいちゃん、おばあちゃんで思い出した。最近はどうして「じいじ」「ばあば」っていうのだろうか。昔は音を伸ばす箇所が違っていたのだが……。

とにかく、このようにコミュニケーションはとれるのに、言語は違ってくる。そこが肝心だ。伝承は複雑な過程である。しかも完全に伝えることは難しい。もし常に完全に伝承されるのであれば、言語は変化しない。だが実際はそうではない。

言語の変化の要因

どうして言語が変化していくのか。その理由を考えてみたい。

まず、先ほども指摘したように、完全に伝えられないことが要因の一つだった。しかし、それだけではないだろう。

コミュニケーションをするとき、人はどんな行動を取るのだろうか。

たとえば、ことばを話し相手に合わせることにより、自分の意見が理解してもらえるように工夫することはないだろうか。そういうときには、ふだんとは違った語彙や表現を使うことも考えられる。

また、面白い表現や新奇な表現を使うことにより、相手の注意を引きつけたいということもある。多くの人がウケたいという欲求を持っている。これが行き過ぎると、最近の大臣のように失言すらしてしまう。いや、大臣に限らない。大人も子どもも、ことばによって人から注目されたいという願望は非常に根強い。

とはいえ、そういった新しい語彙や表現の多くは、一時的なものにすぎない。その場かぎりで消滅してしまう場合がほとんどである。使ってウケれば、ハイさようなら。

ところがその一部が、何かの加減で一般に広く使われるようになることもありうる。ウケを狙った新奇な語彙や表現が、言語変化の要因になるかもしれないのだ。

このようなとき、すべての語彙や表現が新しいとは限らない。一見、新しそうな語彙や表現が、実は古い語彙や表現の新しい使い方ということもある。ところがそれを使ったことのない人にとっては、充分に「新しい」語彙や表現なのである。新しいと感じれば、飛びつく人も少なくない。

そんなふうにして定着した語彙や表現でも、それだけで安泰というわけにはいかない。新しい語彙や表現は、次々と生まれてくる。一旦は定着したようにみえたのに、いつの間にか使われなくなることもしばしば。流行語というものは、お笑い芸人と同じように使い捨てられていく。

それでも、小さな変化は幾世代にもわたって積み重なっていくものだ。その多くは、意味範囲の変化や表現形式の置き換えにすぎないかもしれない。それでも、変わっていくのである。語彙だけではない。発音もまた変わっていく。だがその変化のテンポは、非常にゆっくりしているのがふつうだ。

「今日」は古くは「けふ」と書き表わしていた。これは実際に、そう発音されていたからだと考えられている。だが長い時間をかけて、まず「けふ」から「けう」に変わり、最終的には現在のように「きょう」と発音するようになったという。このような例はいくらでもある。

表記と発音の関係を考えるときには、注意が必要だ。表記は実際の発音より古い形が残る場合が多い。二十世紀初頭の日本語で「けふ」と書き表していたからといって、実際に「けふ」と発音していたわけではない。書いたものは固定されてしまうので、時代から一歩も二歩も遅れることがふつうなのだ。

東京方言では、母音間の「ガ行子音」は鼻濁音で発音していた。しかしこれは消失しつつある。一時はこれが「正しい」とされ、人によっては強制されたという経験も聞くが、現在ではどうなんだろうか。音楽の先生では、合唱の際にこれを使うように厳しく要求する人が、少なくないと聞くが。

わたし自身が東京方言の話者なので、「ガ行子音」の鼻濁音についてはとくに努力したという記憶もなく、とうぜんのように使っていた。むしろ後に学んだ外国語にまでその影響が現われ、直すのに苦労したことのほうが印象深い。

面白いことに、人の気持ちだって変わっていく。

NHKの「ことばに関する意識調査」によれば、一九八〇年の段階で「ガ行子音」は「鼻濁音がよい」とする人が四六・四パーセントであるのに対し、「濁音がよい」とする人が三六・七パーセント、「どちらも同じ」とする人が一〇・七パーセントであったという（飯野公一ほか『新生代の言語学』くろしお出版、一二三ページより）。はたして、人の意識は発音に影響を与えるのだろうか。

いずれにせよ、言語の変化は非常に複雑なプロセスである。簡単な法則ですべて分かるはずがない。これは言語学に限らない。科学とは本来、複雑なもの。ところが単純な答えを求める人は少なくない。それを狙って、インチキな科学情報が氾濫している。お気をつけください。

この章では「複雑さ」を予感させるだけに留めておきたい。まだまだ序論である。比較言語学の入り口にも至っていない。本格的な講義は第二章からである。

比較言語学の参考書

科学を学ぶとき、一人の意見や一冊の本を盲目的に信じることは慎まなければならない。さらに、それまでに何が分かっているかを確認するためにも、先行研究を押さえておくことは非常に大切である。そのため、大学の講義や学術書では必ず参考書が挙げられる。

比較言語学に関する参考書はもちろん存在する。だが、現在では入手可能なものが驚くほど少ない。品切れや絶版のものがほとんどなのだ。興味が失われている証拠なのか。読みたければ、古書や図書館を利用するしかない。

W・P・レーマン（松浪有訳）**『歴史言語学序説』**（研究社）

比較言語学に関する古典である。日本語訳は少し古い。ときどき、ものすごい誤植があって目が覚める。全体の記述は冷静であって、この点は好感が持てるが、決してやさしいものではなく、理解するには骨が折れる。

風間喜代三『言語学の誕生——比較言語学小史』(岩波新書)

比較言語学の一般向け概説としては最高である。わたしはとてもこの本のように比較言語学を語ることはできない。ただし、ヨーロッパが中心なので、それ以外の言語に興味のある人にはつまらないかもしれない。

高津春繁『比較言語学入門』(岩波文庫)

初版は一九五〇年で、一九九二年に岩波文庫に入った。インド・ヨーロッパ諸語に関して、細かく記述してある。今でも価値は失われていないかもしれないが、現代の大学生にはその日本語がすでになじみにくいかもしれないし、何よりも言語学の基礎知識がないと通読できない。

堀井令以知『比較言語学を学ぶ人のために』(世界思想社)

概説書を目指して満遍なく書かれている。この第一章をまとめるにあたっては、とくに多くの教示を得た。この先でも、しばしば参考にすることになる。類書と違い、日本語の方言に関する記述が多いのが特徴。ただし、一部にはあまりにも情緒的な解釈ではないかと感じられるところもある。

このほか言語学の入門書にも、言語の変化を扱っているところに優れた説明のあるものがある。

田中春美ほか『入門ことばの科学』（大修館書店）

第十一章の「言語の系統」（執筆担当・家村睦夫）は、ほかの概説書が触れていない疑問に答えており、非常に参考になった。また第八章「言語と社会」、第九章「言語接触」、第十章「ピジンとクレオール」についても、学ぶところが大きかった。本書ではこの先でもしばしば引用している。

本書の執筆に当たっては、どの本にも多かれ少なかれお世話になっている。ここに深謝したい。

このような良書の多くが絶版であるのに対して、入手可能な本にかぎってロクなものがなかったりするのが残念だ。

言語学関係の書籍には「トンデモ本」が多い。これまでの研究を完全に無視して荒唐無稽な論理を力ずくで押しつける本が、残念ながら書店にいくらでも並んでいる。とくに比較言語学についてはその傾向が強い気がする。

そういう「トンデモ本」は、タイトルを見ただけで分かることがある。そのポイントは何か。それは第二章で説明することにしよう。そこに比較言語学の基本的な考え方がある。

［課題］この章では「言語は時とともに変化する」ことを前提として話をしました。ではこれに逆らって、変化をなんとか食い止めるとしたら、どのような方法が考えられるでしょうか？

［**ポイント**］言語学への理解が少しでもあれば、こんなことは絶対に不可能だとすぐに分かる。それを承知で「変化を止める方法」を考えろというのだから、その内容は当然ながら奇想天外なものになるが、それでも構わない。受講生には柔軟な発想でフィクションを作り出してほしい。

言語の変化を止めようとするなら、まず使用される言語、日本語なら日本語の語彙、文法などのルールを細部まで決定し、そのルールに反する言語を使わぬよう国民を厳しく監視して、違反者には刑事罰を科する必要があります。しかしそれに必要な予算を組むのも、財政難の日本では容易ではありませんし、政権交代など政治が変わればルールも変わってきます。

＊まずルールを設定すべきだというのは、理に適った意見である。それを基準に制限を加える。多くの受講生がこのような提案をまとめた。ただ、その制限が実際には難しいのだ。この点には受講生全員が悩んでいた。

ことばを話すのを禁止する。相手に何かを伝える場合は話すのではなく書く。そうすることで、まずコミュニケーションの量が減ることが考えられ、また、話で人を笑わせることもなくなり、表現の幅が狭くなると想像できる。書く代わりに手話を用いることも考えられ、手話での会話が主流になると言語は変化しなくなるのではないか。

＊う～ん、手話を使えば言語が変化しなくなるかどうか、わたしには判断がつかない。手話は音声言語に対する副次的な役割を担っていたことが歴史的に長く、そのせいで手話が主役になった場合が想像しにくいのかもしれない。それにしても、そもそもことばを話すなというのはすごい発想だ。

「少数言語」として保護する。そのために話者を二〇人ぐらいに減らす。話者には普段は別の言語を使用している人を選出する。特別な場所・ときでしか、使用されない言語になれるので、変化の大きさも最小限に抑えられるはず。

＊確かに話者を小人数に限定したほうがコントロールしやすいかもしれない。しかしそれが言語の変化をくい止めるという保証はない。また、別の言語を使用している人から選出するとなれば、その人の母語がなんらかの影響を与え、変化が起こることも考えられる。ところで、「二〇人ぐらいに減らす」っていうけど、それっていったいどうやって……。

非現実的ではあるけれど、新しい技術などが開発されると、それに伴って言語も変化せざるをえないので、科学技術の発展を止めることが言語の変化をくい止めるのではないでしょうか。

＊話すのを禁止したり、話者を減らしたりというような、恐ろしいアイディアの後では、こちらのほうがむしろ現実的かとも感じられる。もちろん、不可能なのだが。

辞書の新版をこれ以上出さない。ある表現が日常で次第に用法が変わり、自然に用いられるようになってきたとする。はじめのうちは、それは誤った使い方だと非難されるが、あまりにも溶け込んでくるとそれは新しい用法であるといわれるようになり、最終的に新版の辞書に加えられる。ここまできたらどうしようもない。だから言語を規定している辞書はこれ以上新しくせず、既存の語彙や文法を意地でも守る。

＊辞書の改訂は新語を加えることだけではないのだが、確かに重要な要因には違いない。問題は、既存の語彙や文法を意地でも守ることができるかだ。いずれにせよ、白水社は身を以ってこの暴挙に抵抗するであろう（というか、抵抗してください）。

変化を止めるには時を止めるしかないのではないでしょうか。ドラえもんに頼るしかないようです。

＊そうなんだよ、終いにはそういいたくもなるよね。

古い記録を知っていると言語の変化に気づくので、過去の言語の記録を知らないようにすれば、言語の変化にも気づかず、言語が変化していないと思い込むだろう。

*これは狡猾なレトリックだ。変化の証拠を隠蔽することによって、変化していない気分になる。「知らぬは仏」ということか。

なぜですか。世界が変化し、社会が変化し、人間の生活が変化し、何もかもが変化しますが、なぜことばの変化を止めなければなりませんか。

すべてが変化する世界の中で、ことばの変化はごく自然なことです。変化を止める方法より、よい方向で変化するよう、工夫したほうがよいでしょう。

*これを書いてくれたのは留学生である。そう、それが心の底から分かってくれればいいのだ。ただし、「よい方向で変化する」といった意図的なことは、やっぱり難しいのではないだろうか。そもそも、何かの統一体が部分的に訂正されることはない。言語も人間も同じように、いろんな要素を含んでまとまりを成しているのである。

言語の変化は止めることができない。たとえ他者との接触がなくても、内的な変化というものがある。言語は孤立していても、変化から逃れられないのだ。これが言語学の前提であり、そこから比較言語学が始まる。

コーヒーブレイク ❶

いくら言語学に興味があるからといって、言語学の本ばかり読んでいると、視野が狭くなる。そうならないように、いろんな本を読むのだが、やっぱりことばが気になってしまう。

＊＊＊

俳優で俳人だった故小沢昭一氏は、エッセイも素晴らしかった。会話調でサラリと流しているが、完成度が高く、しかも面白い。一時は凝って、集中的に読んだこともある。

著作はたくさんあるけれど、お勧めは『あたくし外伝』（新潮文庫）だ。子ども時代からタレントになるまでの、さまざまなエピソードが語られているから、まずはこれから読むといいかもしれない。

最初のエッセイは「ベスト・ドレッサー」。自分ではオシャレなつもりなのに、ベスト・ドレッサーの選考委員はまったく注目してくれないと嘆く。

小沢昭一といえば、猫背の、ムサクルシイ、風采の上がらぬオジンと、テンから決めてかかって除外しているに違いないのだ。（十四ページ）

注目は「オジン」。若い人には分かるかな。オジサンのことで、このエッセイが書かれた二〇〇〇年くらいまでは耳にしたけれど、いつの間にか使わなくなった。オバサンのことは「オバン」といったが、両方合わせて定着しなかった。やはり新しい語彙や表現の多くは、一時的なものに過ぎない。いま読んでも充分に面白いエッセイだけど、ここだけは古さを感じてしまう。

あたく史 外伝
小沢昭一
新潮文庫

2 比較と対照はまったく違う

「比較」と「対照」について

くどいようだが、言語学は科学である。複雑な科学を正しく理解するためには、専門用語を厳密に使い分けることがどうしても必要になってくる。この点は、どの分野でも同じだろう。

比較言語学では「比較」がキーワードになることは当然なのだが、すでにここから注意を払わなければならない。その「比較」そのものが、一般に使われている用法とはすこし違うからだ。

言語学において、比較とは二つ以上の言語が歴史的に同系であることを前提に比べることを指す。つまり、同系でなければ「比較」はできないのである。

しかしよく考えてみると、これは少々矛盾している。同系であるかどうかは、調べてみて初めて分かるものである。調べるには「比較」するしかない。「比較」しなけりゃ証明できない。それなのに、同系でなければ「比較」にならないという。

どうすりゃいいのさ。

そこで証明される以前であっても、同系であることを予測しながら研究を進めるのであれば、「比較」ということにしておく。そのあたりは妥協しないと話が進まない。いずれにせよ、肝心なのは遡れば先祖が同じであるということ。比較言語学では歴史的な視点が不可欠である。

では、同系でなければ「比較」してはいけないのか。

そう、いけないのである。この「比較」という用語は、言語学において非常に限定的な意味でしか使えない。

とはいえ、同系かどうかに関係なく比べることは、言語学でもおこなわれる。そのときには、別の用語を使う。

二つ以上の言語が同系であるかどうかを問わずに比べることを「対照」という。「対照」であれば、どんな言語間でも可能である。また歴史的な観点もとくに必要としない。

注意しなければいけないのは、たとえ同系の言語間であっても「対照」は可能であることだ。たとえば英語とドイツ語のように、同系であることがすでに証明されている言語間では、「比較」も可能だし、「対照」だって構わない。歴史的な観点があってもなくても、比べることが可能なのである。だから「英独比較文法」もあれば「英独対照文法」も存在する。

一方、日本語と英語の間では「対照」しかできない。同系関係が証明されていないからだ。

もし《日英比較文法》のようなタイトルの本があるとしたら、その理由は二つ考えられる。用語の使い方が間違っている、あるいは日本語と英語の同系関係を信じている。いずれにせよ、言語学の常識からは外れている。そういう本を信用してはいけない。タイトルだけで充分に「トンデモ本」の臭いがプンプンする。

ということで「比較」と「対照」はきちんと区別したい。

ただしこのような使い分けは、一般はもちろん、他の分野でもこの限りでない。比較文学では同系かどうかなんて関係ないし、そもそも文学において同系があるかどうかも知らない。少なくとも日本文学とイギリス文学は「比較」してもいいことになっているらしい。さらには比較政治学とか比較教育学など、わたしには理解できない分野でも「比較」が多用されている。それはわたしの関知するところではない。

強調したいのはただ一つ。言語学において「比較」や「対照」といった用語は、注意して扱うこと。動詞として使う場合でも、「比較する」と「対照する」は厳密に区別したい。

その必要がない場合、あるいはわざと曖昧にしたいときに限り、「比べる」という表現を用いることにする。

「対照」の方法

ここで「対照」についても少しだけ触れておこう。

複数の言語を「対照」すれば、つまり歴史的な観点以外から比べていけば、言語構造の共通点や相違点が明らかになっていく。その結果、言語ごとのクセやパターンが見えてくる。このような作業を通して類型を調べていくのが、対照言語学の目的である。

対照言語学を研究すると、どんなことが見えてくるのか。

英語と日本語の場合で考えてみよう。たとえば音を対照してみると、英語のlとrは別の音素だが、日本語では区別がないことがわかる。さらに文法については、品詞で考えてみると、英語には冠詞があるが、日本語にはない。このような成果が上がる。

う〜ん、これじゃなんだか、当たり前すぎるような……。どうもわたしが思いつく例はダメだな。

そこでもう少し面白い例として、語彙の意味範囲がずれている例を示そう。堀井令以知『比較言語学を学ぶ人のために』には、上記のような例が挙がっている。

	ハンガリー語	フランス語	マライ語
兄	bátya	frère	sudarã
弟	öccs		
姉	néne	sœur	
妹	hüg		

（14ページ）

この例を見れば、ハンガリー語は「兄弟姉妹」を男女および年上・年下で四つに分類するのに対し、フランス語では男性か女性かのみで二つに分け、さらにマライ語ではその区別すらないことが非常によく分かる。

この結果を自分の言語経験に照らし合わせてみれば、ハンガリー語では日本語と同じような分類をすることが分かる。フランス語は英語と同じ分け方であることにも気づく。さらに人によっては、かつて英語の勉強を始めたとき、brother は「兄」と「弟」、sister は「姉」と「妹」の両方を指すといわれて、なんだか落ち着かなかったことまで思い出すかもしれない。わたしはそうだった。なるほどね、言語によって分け方はいろいろなんだ。

それにしても「マライ語」って何だろう？「マレー語」とか「マレーシア語」のような表記は今でも見るけど、「マライ語」というのは最近では見かけない気がするのだが。

受講生――「先生、ちなみにハンガリー語の「姉」にあたる単語は現在ではnővérが使われています。「妹」もhügではなくhúgだと思います」

ああ、そうなんですか。ありがとう。知りませんでした。

わたしだって、すべての言語に通じているわけではない。「マライ語」という名称だけでなく、ハンガリー語の兄弟姉妹を表わす語彙そのものについても、自分では判断することができないのである。だからこそ、引用する場合にはその原典をきちんと示すことが必要なのだ。

わたしが引用した堀井氏によれば、これはさらに言語学の大家であるイェルムスレウからの引用だという。その時代は「マライ語」だったようだ。

このように比較言語学ではあちこちから引用することが多い。先人の業績をありがたく受け継ぎつつ、細かい点はすこしずつ加筆訂正していく。これは人文科学において広く採用されている方法である。決して責任転嫁しているわけではない（つもり）。

語彙は一対一対応でない

「兄弟姉妹」の例に限らず、言語間では語彙の対応がいつでも同じとは限らない。そういうことは、外国語の学習を始めるとすぐにぶつかる。

たとえば英語の wear という語を辞書で引いてみると、「(服を)着ている」「(帽子を)かぶっている」「(メガネを)かけている」「(ヒゲを)はやしている」「(ネクタイを)しめている」「(時計や指輪を)はめている」「(靴を)はいている」などなど、実にたくさんの訳語が載っている。これが一対一対応だったら覚えやすいのだが、そうはいかないのが現実だ。このようなことが浮かび上がってくるのも、対照言語学の成果であろう。

ただし、ここから《日本語は語彙が豊富だ》というような結論を出すのは乱暴である。倉谷直臣『英会話上達法』(講談社現代新書)に次のようなエピソードがあった。

あるバカなイギリス人学生が私に言ったことがあります――「日本語はむずかしい、簡単な単語 fall を、日本人は、落ちる、さがる、くだる、ころぶ、たおれる、ふる、ちる、ぬげる、もれる等々、百以上の言葉で区別して表現しなければならない、お気の毒に」。そこでボク――「そうですか? ところで、簡単な単語「落ちる」を、あなた方イギリス人は、何と表現します? fall? drop? go down? descend? crumble? set? sink? be missing? fail? pass out? lose???」

「落ちる」と fall は、もともと何の関係もない言葉なんですね。たまたま、「落ちる」は fall の一部分、同時に fall は「落ちる」の一部分に、重なりあうらしい、ぐらいのことなんです。(二三ページ)

言語の一面だけを捉えて拡大解釈する危険性について、アイロニーを込めて見事に指摘している。出版されてからだいぶ年月が経過し、現在では入手しにくくなっているが、今読んでも決して古びていない。わたしは英会話論の傑作だと信じている。一読を勧めたい。

比較言語学の目的

話を比較言語学に戻そう。

比較言語学の目的は、複数の言語が同じ系統に属することを証明することである。そのためには、いくつかの言語の同系関係が成立しそうだと「当たりをつける」ことが必要になる。

具体例を見てみよう（次ページ）。「一」「三」「わたしを」の三つについて、日本語、英語、ドイツ語（独語）、フランス語（仏語）、イタリア語（伊語）、スペイン語（西語）で比べてみる。

これなら誰が見たって「日本語以外は何か関係があるのではないか」と推測するだろう。実際、ヨーロッパの人々は昔から、お互いの言語が似ていることに、なんとなく気づいていた。比較言語学が科学として成立する以前から、感覚的に理解していたのだ。でなければ相当どうかしている。

ヨーロッパ諸語といっても、一様ではない。先ほどと同じ六言語について、こんどは「手」「命」「与える」の三つで比べてみよう。

このように、語の選び方によっては日本語以外に「英＋独」「仏＋伊＋西」というグループが浮かび上がることもある。いずれにせよ、ここまで似ているとなれば、そこには何か繋がりがあるのではないか。そう推測するのが自然であろう。

日本語	英語	独語	仏語	伊語	西語
fu	two	zwei	deux	due	dos
mi	three	drei	trois	tre	tres
watashio	me	mich	me	me	me

日本語	英語	独語	仏語	伊語	西語
te	hand	Hand	main	mano	mano
inochi	life	Leben	vie	vita	vida
ataeru	give	geben	donner	donare	donar

日本語	英語	独語	仏語	伊語	西語
takushii	taxi	Taxi	taxi	tassi	taxi
pasupooto	passport	Pass	passeport	passaporto	pasaporte

本来、語の形式と意味の結びつきは任意である。たとえば日本語では inu という音で示される「犬」は、英語で dog、フランス語で chien、ドイツ語で Hund、ロシア語で собака、チェコ語で pes、ブルガリア語で куче、リトアニア語で šuo と、実にいろいろな音で表わされている。ここに挙げた諸言語は、日本語以外はすべて同じ言語グループに属しているのに、これだけ多様なのである。選ぶ語によって、結果は大きく違ってくる。

語彙というものは、音と意味の結びつきに必然性があるわけではない。それぞれの言語において「お約束事」として決まっているのに過ぎないのだ。「犬」を inu というのは、日本語でそういう「お約束事」が成り立っているからである。それが他の言語に適応されなくても、文句はいえない。まさか、文句をいう人なんていないとは思うが。

それでも複数の言語間において、類似の語がたくさんあれば、何か理由があるはずだと推測される。

場合によっては同じ起源から分化したのではないか。そんな可能性を探りたくなる。ただし結論を出すまでには、慎重に考察を進める必要がある。

注意しなければいけないのは、借用と偶然の一致だ。

借用

ある言語学者は「借用」という用語に疑問を持っている。というのも「借用」といいながら返却不可だからである。はたしてこの用語は適切なのか。なるほど、確かに興味深い指摘だが、ここでは考えないことにする。

ここまで比べてきた六言語について、「タクシー」と「パスポート」でまとめて表にすると、次のようになる。

こうすれば日本語だって明らかに似てくる。それもそのはず、日本語の「タクシー」も「パスポート」も借用語だからである。すでにご存じの方にはバカバカしいかもしれないが、一応確認しておこう。

現代社会では、借用が以前にもまして世界中で広くおこなわれている。それをもとに系統を解釈してしまったら、正しい結論が導き出せない。そんなことをしたら、あらゆる言語が同系になりかねない。

借用によって導入された語彙は、とくに現代日本語ではカタカナで表記されることが多いので、しっかりと見分けられるような気がする。だがそうとも限らない。「タクシー」や「パスポート」と違って、もともとは他の言語から取り入れた語彙なのに、あまりに長いこと使用されているうちに、それが借用であることが分からなくなってしまうことだってある。

日本語でも「天麩羅」がポルトガル語あるいはスペイン語からの借用であることや、「旦那」がサンスクリット語にまで遡れることは、知識がなければすでに分からなくなっている。漢字で表記されていると、つい勘違いしてしまいがちだ。いや、そもそも漢字そのものが借用されたものではないか。

借用にもいろいろある。音をそのまま取り入れるのではなく、意味を置き換えて新しく作る翻訳借用語というものもある。英語の telephone をもとに、tele を「電」、phone を「話」と訳して「電話」とする。同じように telegram では gram を「報」と訳して「電報」になるといった具合だ。

いずれにせよ、こういうものは言語の系統を考えるときに使えない。借用は同系かどうかとは無関係になされるからである。

偶然の一致

世の中、偶然というものは存在する。どんなに因果関係を追究しようとも、そこには何も見出せず、数奇な運命のめぐり合わせとしかいいようのない場合があるのである。これは人生においても、しばしば遭遇する。

語彙が「似ている」というときに、偶然の一致の可能性を忘れてはいけない。世界の言語にはさまざまな音があるとはいうものの、人間が作り出せる音には限りがあるし、その組み合わせだって無限ではない。そのうえ、どの言語にも語彙は実にたくさんある。当然ながら、偶然の一致は起こりうる。

たとえば日本語の「綿」は、ロシア語でも вата「ヴァータ」という。だからといって、これだけでは何の証明にもならない。そもそも、日本語とロシア語は同系でないことがはっきりしているし、この一例だけでそれが覆ることはない。覆そうとする人がいたら、かなりアブナイ。

たとえ同系であっても、偶然の一致はありうる。英語とペルシア語は同じ系統であることが分かっているが、英語で「悪い」を意味する bad がペルシア語で同じ意味の bad と対応していても、それは同系だからではなく偶然の一致なのだという。もっとも、これは言語学の本で見つけた例である。この分野が専門でないわたしには、それ以上は分からない。

偶然の一致が起こりやすい語彙もある。物の音を表わす擬音語や動物や鳥の鳴き声を表わす擬声語は、ピッタリとは一致しないまでも、どの言語でも似通ってしまうことが多い。ロシア語でも時計は「チクタク」と動き、ガチョウは「ガーガー」と鳴く。こういうのは比較言語学では使えない。

それから赤ちゃんのことば。赤ちゃんにとって大切な語彙といえば、親と食べ物と排泄。しかし発音できる音は限られている。歯がないんだから歯音は無理。もっとも出しやすいのは、両唇をくっつけてから離す「マ」や「パ」や「バ」。これらを組み合わせて作れば、できあがる語彙はどうしても似てしまう。多くの言語で母親のことを「ママ」というからといって、それを根拠に同系を唱えるわけにはいかない。そのうえ、ときには「ママ」が父親を指す言語もあるので、言語というものは油断がならない。

はたして、偶然の一致はどうやって排除すればいいのか。

たとえば規則的な対応が示されれば、偶然の一致である可能性は低くなると考えられている。「八」を意味する語がフランス語で huit、イタリア語で otto、スペイン語で ocho、ラテン語 octo であるのに対し、「夜」を意味する語はフランス語で nuit、イタリア語で notte、スペイン語で noche、ラテン語で noctem である。対応のパターンが同じというわけだ。厳密にいえば、これは文字が対応しているのであるが、それはこの際おいておく。とにかくこのような対応が他の語でもあれこれ見られれば、そこには何らかの関係があるのではないか。これが比較言語学の基本的な態度である。

しかし考えてみれば、これだって疑問の余地がないわけではない。というのも、偶然の一致ではないにしても、借用の際には一定の音対応を示すのがふつうではないだろうか。だとすれば、同系との区別がつかなくなってしまう。

だから語彙を比べるときには、事前によく調べて、借用語はあらかじめ排除しておかなければならないのである。それがまた厄介なのだ。

いつでも慎重に

ということで、比較言語学において間違えないようにするためには、さまざまな言語の歴史を調べる必要がある。とはいえ、それは楽な作業ではないし、過去の資料が少ない言語は、比較言語学の研究では圧倒的に不利である。

それに加えて、比較言語学では慎重さが求められる。いろんな可能性を考慮しながら、自分に都合のいい解釈をしないように気をつけることが、大切なのである。

だからこの章をまとめるに当たっては、非常に気を遣い、いろんな角度から検証して、ずいぶん書き直した。いい加減なことをいわないために、さまざまな資料を調べなければならないので、時間もかかった。このようにあれこれ面倒臭いのも、比較言語学の特徴かもしれない。

［課題］比較言語学の方法は同系関係を証明するときに有効ですが、それでは対照言語学はどのような分野で成果を発揮できるでしょうか。対照言語学がなんの「役に立つ」のか、考えてください。

［ポイント］本来、言語学の分野がなにかの「役に立つ」必要はない。だがこの対照言語学は、非常に実用的な目的を持って成立していると考えることができる。その点について、自由に考えてもらいたい。

全く関係のない言語同士を比べ、意味範囲のずれを検討するということは、違いを偏見抜きで見ることではないだろうかと考えた。したがって、対照言語学は世界平和の役に立つのではないだろうか。

＊…いや〜、それはどうでしょうねえ。言語学にそこまでの力があるとは思えません。たとえそうだとしても、あまり成果が上がっていませんねえ。

なぜ対照言語学が存在するのか、その理由を考えてみると、本当に同系ではないかを調べるためではないでしょうか。世界にはさまざまな言語があって、すでに同系であるかないのかは分かりきっているのかもしれませんが、より深く研究することで、もともと同系ではないと考えられていた二つの言語が実は同系だったという結果が出てきたら面白いなあと、個人的に思います。

＊発想は面白いのだが、同系についてはどうしても歴史を考慮に入れるべきで、その点は対照言語学の

範囲外となってしまうため当てはまらない。これは証明されていない段階での比較言語学というしかないのではないか。

ズバリ教育ではないでしょうか。どの分野にしても、成果を教育に還元できることが理想と考えられますが、対照言語学は成果が必ず教育、つまりこうやって母語干渉を受けているから気をつけようと主張する学問、これが私の結論です。

＊実はこれが正解である。

複数の言語を対照させることによって、教育上必要な情報を集め、その結果として教材や教育法が開発される。受講生の中には外国語教育法を専攻する学生もいるので、そういう人はすでに答えを知っていたのかもしれない。

だがそのうえで、他にどんな発想があるのか、さらにチャレンジしてはどうだろうか。

コンピュータの翻訳システムを作るためではないか。

＊これは充分に考えられる。実際、翻訳システムの研究開発は進められているはずであり、ここに対照言語学が貢献する可能性は充分にありそうだ。複雑な複数の言語体系をコンピュータがどのように対応させていくか。わたし自身はこの分野について何も知らないのだが、テーマとしては興味深い。

文化人類学の研究に役に立つんじゃないでしょうか。
エスキモーの言語には物質的に同じ「雪」を表わすにも、確か降っている雪、積もっている雪、踏まれた雪、それぞれで単語が違うと聞きました。一方、日本語は「雪」だけ。「ある言語にこういう特徴がある」ということを対照によって見つけ出すことで、なぜそうした違いがあるのか、それぞれの文化や人について研究するきっかけになるんじゃないでしょうか。

＊これは判断が難しい。確かに、さまざまな文化を比べるときには、言語系統とは関係なく研究を進めるはずである。
注意してもらいたいのは、エスキモーの言語における「雪」に関する語彙だ。このエピソードはあまりにも有名なため、広く知られているのだが、最近の研究では実はそれほど多様でもないという報告もなされている。引用を重ねて進める言語学では、ときには誤解から「都市伝説」のように根拠のない説が流布することもあるわけで、気をつけなければならない。

一つは教育ですが、もう一つの可能性は、複数の言語間の秘められた普遍性を解明していくことで、世界の諸言語に共通する普遍的な文法を発見できることです。

＊これは当然考えられることである。ただし、今のところはそれほど成果が上がっていないような気がする。英語を対象とした言語学では、この発想が強く、これを書いた受講生も英語専攻であった。

違いを明確にする、言語学習に役立てる、などといった目的があるのかもしれない。でも僕が学んで面白いなと感じたのは、言語の対照からそれぞれの文化の特徴を浮かび上がらせる、というものだ。

たとえば英語はＳＶＯを基本とし、その基本的な論理は「因果関係」である。ＳがＯにＶして、その結果Ｏに変化が生じるというのが、典型的な文であるらしい。これだけを見ていても気づきにくい、というか意識しないかもしれないが、これを日本語と比べてみる。日本語はＳＯＶだ。因果関係は文型ではなく、助詞が担うことが多い。特別、因果関係に重きを置いた文法体系ではない（少なくとも英語に比して）。

これをして、アングロサクソンの文化は直線的であると、その講義ではいうのだ。これをして、というのは語弊があり、もっと例を示した上でそういっていたのだが、それなりに説得力のある議論だった。

＊これは大いに疑問だ。

主語Ｓ、目的語Ｏ、動詞Ｖの語順から「アングロサクソンの文化は直線的である」などといった結論を引き出すのは非常に危険である。この三つをもとにした六種類の類型だけで、世界の言語ひいては文化を規定するのは、血液型占いや星占いと変わらない。世界に多く存在するＳＶＯパターンだけで民族の性格が判断できるという考えにも不満である。また、言語の中には時代によって基本語順を変えてしまったものさえある。これはどのように説明するのか。

ただし、受講生を責めるつもりはない。彼はどこかでこの話を聞いたのである。おそらく授業で担当教師が話したのだろう。英語と日本語など、ごく狭い範囲でのみ対照研究をおこなっていると、偏った結論を出す危険性がある。教育に活かすための方便はある程度認めるが、このような拡大解釈は看過できない。

現在、ペルシア語、アラビア語、ウルドゥー語を同時に履修しています。ご存じのように、ペルシア語とウルドゥー語は同じグループですが、アラビア語は違うグループです。しかし学習している私にとって、何を基準に語族が決定されているのか、わからなくなるのです。たとえばペルシア語には文法性や格を区別することがありませんが、ウルドゥー語とアラビア語は性や格を区別します。ペルシア語とウルドゥー語の関係よりも、むしろアラビア語とウルドゥー語の関係のほうが近いのではと感じてしまうのです。またペルシア語にはアラビア語から多くの語彙が入ってきています。辞書を見てみると、mから始まる単語はほとんど「アラビア語起源」と書いてあります。こうしてみると、三つの言語とも似ていないとは言い切れないです。

ペルシア語、アラビア語、ウルドゥー語を勉強してみると、比較言語学の枠では捉えられないことが多いような気がします。そういった、比較では捉えられないことを比べるのが対照言語学なのではないでしょうか。

＊本当にそうだよねえ。

言語を実際に学習してみれば、系統だけをもとに似ているとか似ていないとかは判断できないことに気づく。反対に、系統は違うとされながらも、似たような文法現象が共有されていることもある。比較言語学を狭い枠の中に閉じ込めていては、解決できない問題もたくさんあるのではないか。そのとき、対照言語学が何かのヒントを提供してくれるかもしれない。

とにかく、たくさんの外国語を積極的に学ぶことが、言語学における基本的態度である。この受講生には、中東の言語をたくさん学んで、わたしにもいろいろ教えてほしい。

コーヒーブレイク ❷

古い語学書を集めるのが好きだから、勉強する予定もないのについ買ってしまう。

『標準上原マレー語』については、すでに拙著『外国語の水曜日』（現代書館）で紹介したことがある。一九四二年に晴南社から出版されたこの入門書は、なんと全四巻。いまじゃ考えられない。

最近、書棚に並べたこの四巻本を眺めていたら、あることに気づいた。

第二巻だけタイトルが『標準上原マライ語』となっている！

そもそもこの巻だけ函がなくて、その段階で気づかなければダメなのだが、とにかく驚いた。奥付で発行年を調べてみれば、手元のものは一巻、三巻、四巻は一九四一年発行の初版だけど、二巻だけは翌一九四二年発行の二版とある。どうやらその際にタイトルを「マレー語」から「マライ語」に変更したらしい。

いったいどんな理由があったのだろうか。誰かが追究してくれるといいんだけど。

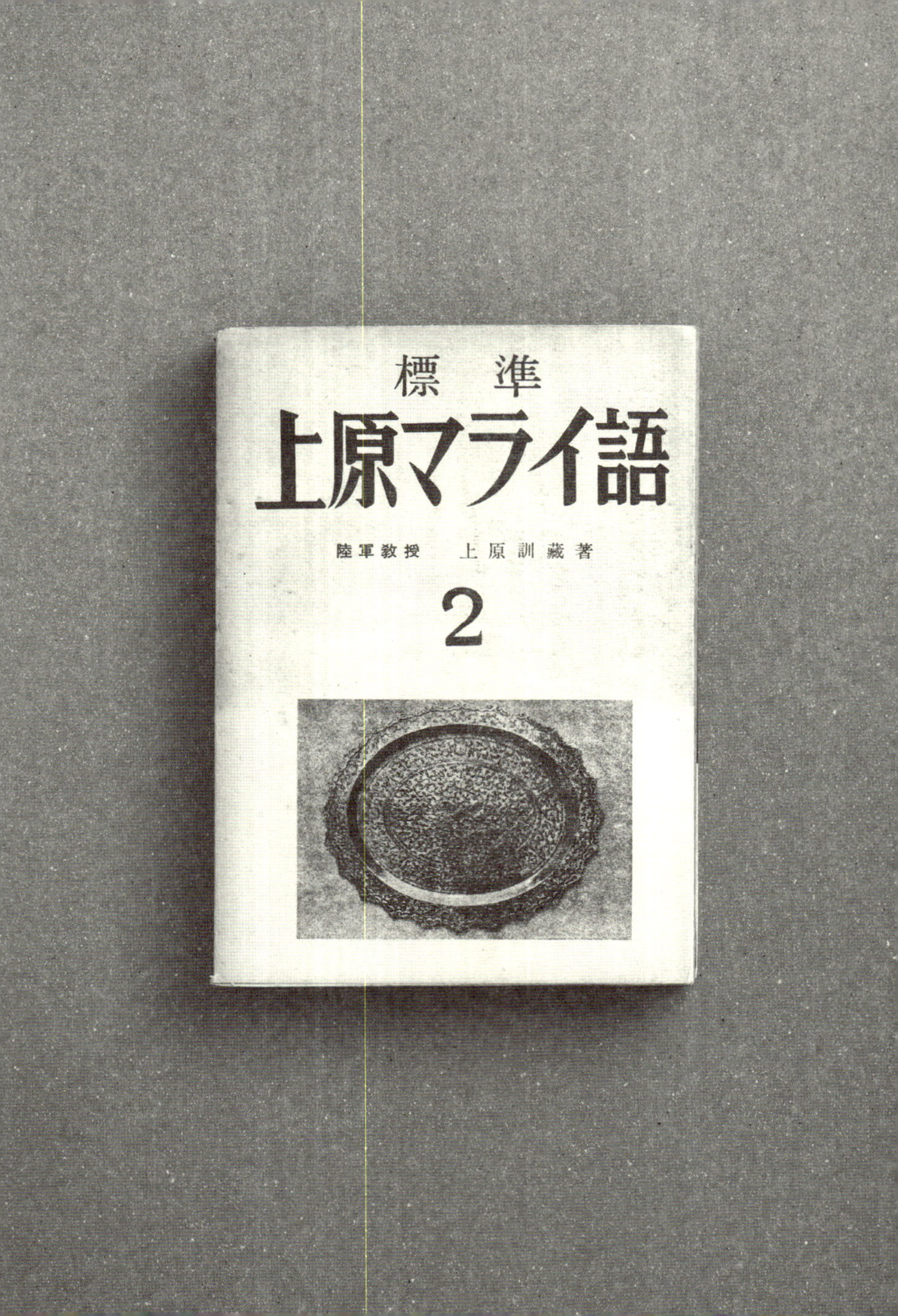
標準
上原マライ語
陸軍教授　上原訓藏著
2

3 どうして言語に先祖や親戚がいるのか

あくまでも「比喩」である

言語学を齧っていると、「ラテン語はイタリア語の祖先である」とか、その反対に「フランス語もスペイン語もラテン語の子孫である」というような表現にときどきぶつかる。

よく考えてみれば、これは奇妙だ。

というのも、言語は人間のように、親から別の個体である子が生まれることはありえないからである。

つまり、これは比喩なのだ。

同じように「ロシア語とポーランド語とセルビア語は兄弟である」というのも、そのまま受け取ってはいけない。これは古い時代に一つの言語から分かれて、それぞれ現在に至っているという意味であり、やっぱり比喩なのである。

だいたい、言語同士は「兄弟」なのか「姉妹」なのか。そんなこと、真面目に追究するだけバカバカしいのだが、ロマンス諸語では「言語」を表わす名詞が女性名詞なので、姉妹に譬えるのが習慣となっている。ところがわたしが付き合っているスラヴ諸語では、「言語」が男性名詞であることが多いので、兄弟と表現してもおかしくない。ただし同じスラヴ系でも、ウクライナ語やベラルーシ語あたりでは「言語」を表わす語が女性名詞なので、すべてが兄弟でいいというわけではない。いっそ「マライ語」のように、「兄弟姉妹」をまとめて表わす語があればいいのに。

なんだか話がずれてきた。要するに、言語は人間と違うということをいいたいわけである。当たり前なのだが。

比較言語学は、ダーウィンの進化論が盛んだった頃に発展した学問である。先祖や子孫や兄弟姉妹に譬えるのは、この頃の流行りだったのかもしれない。学問とは意外と流行に左右されるものである。理論物理学者がノーベル賞をとったら、みんな理論物理学をやったりするような傾向は、どの科学分野でも多かれ少なかれあるのではないか。

だとしたら、この二十一世紀初頭の言語学の流行は、はたして何なのだろう。

すくなくとも比較言語学でないことだけは確かだ。

言語起源に関する三つの説

先祖とか子孫とか兄弟姉妹といった表現が比喩であることを確認したうえで、比較言語学は言語を歴史的に捉えるのが重要であったことを思い出していただきたい。

するとそこには「遡る」という発想が生まれる。もちろん、時間の話である。時間を遡り、現在から過去に向かって言語を追い求めていけば、最後にはなんらかの「原初的な」言語に辿りつくはずではないか。こんなふうに考えるわけである。

実をいえば、わたしはこういうことにさほど興味がない。興味があるのは文字文献が残っている時代からで、それ以前のことは想像してまで追究しようと思わないのである。

ところが世間では、原初の言語とか、「アダムとイブの言語」というようなものを追究したいと考える人が決して少なくない。そんなもの、突き詰めてどうするのだろう。そもそも科学的な証明なんて無理じゃなかろうか。結局、仮説は仮説にすぎないんだし。しかしそんな疑問は完全に無視され、原初言語を目指すドン・キホーテのような人がなぜか絶賛される。

すこし冷静に考えてみよう。

ある言語が太古の時代に発生し、それが長い時間を経るうちにさまざまな変化をこうむりつつ、現在に至っている。これは理屈で考えても充分に納得できる。

では、その過去の言語と現在の言語の間は、どのような関係になっているのだろうか。

『入門ことばの科学』では、言語の起源について三つのパターンを考えている（二〇四〜二〇五ページ）。

まず、一言語一起源説である。日本語には日本語、韓国語には韓国語、英語には英語の、それぞれ祖先が一つずつ存在したという考え方だ。

だがそうすると、太古の時代からすでに数千の言語があったことになる。人口は今より少なかったはずだけど、その辺りはどうなのだろうか。

何よりもこの説では、言語が分かれていくことが想定されていない。それでは先祖も子孫も兄弟姉妹も存在しないことになる。天上天下唯我独尊、ナンバーワンよりオンリーワン？

ところが実際には、たとえばラテン語からフランス語、スペイン語、イタリア語などが分かれていったことはすでに証明されているし、ほかにもそういう言語がたくさんある。そもそも一言語一起源説では、比較言語学が成立しなくなってしまう。ということで、これはありえない。

では、一元説はどうだろうか。言語が現在のようにいろいろと分かれる前は、たった一つだった。それこそが最初の人類が使った言語というわけだ。

だが、いくらなんでもそれは非現実的ではないか。そもそも人類の発生がたった一か所からだといい切れるのか、疑問である。少なくとも、言語が同時発生的に起こった可能性は否定できないとしたら、この説にも無理がある。

そこで三つ目に登場するのが多元説である。言語にはいくつかの起源があって、そこからあれこれ言語が分かれていって、現在に至っている。わたしには、この説がもっとも理性的に見える。

この論争は決着がついたわけではない。実際、一元説を信じている人は少なくない。世界の言語の起源がたった一つだなどという、神話のような世界をどうして鵜呑みにできるのだろうか。だが、あらゆる言語の唯一の祖先を求めて、日夜「研究」に励む人も存在するのであろう。きっと『バック・トゥ・ザ・フューチャー』に登場するドクみたいな人が、髪を振り乱して言語の唯一の起源を調べているに違いないと、こちらも負けずに想像力を膨らませる。

言語の近親関係

言語の起源についていえば、すべてが違うとはまず考えられない。だが反対に、すべてが一つの起源に由来するというのも無理がある。

一方、言語間になんらかの繋がりがあることもまた事実である。つまり、ラテン語やフランス語やイタリア語やスペイン語などは、これまた比喩になるが、「近親関係」ともいえる繋がりを持っているのだ。

そもそも、どうして言語に近親関係ができるのだろうか。それは言語が分かれていくからである。それではどうして分かれてしまうのか。

さきほどの『入門ことばの科学』を参考にしながら、昔の姿をあれこれ想像してみた。

言語を共通とする一つの集団が地域Aに住んでいる。こういう集団には適切な規模というものがあり、小さいうちはみんなで肩寄せ合いながら仲良く生きていけるからいい。だがその集団がだんだん大きくなってしまうと、一つの地域だけでは食べ物が足りなくなってしまうかもしれない。他にも生活環境とか人間関係とか、大人数では都合が悪くなる理由がいろいろ考えられる。それでは困るので、一部の人が別の地域Bへ移り住む。かくして再び肩寄せ合って生きていくのに適正な規模になり、食べ物は確保される。

この地域Aと地域Bでは、そもそもいっしょに生活していた人が分かれたのだから、同じ言語が使われているはずである。この二つの地域間では、その距離がどんなに離れていても、人が行き来しているかぎり、コミュニケーションは続く。それなら、両地域の言語の同一性は保たれるはずである。

しかし、去る者日々に疎し。人の行き来が徐々に少なくなり、両地域の交流が疎遠になれば、言語はそれぞれ独自の変化を始める。こんなことが考えられるのではないか。

なるほど、これはありそうな理由だ。疎遠になった遠い親戚というわけか。黒田家にもあるな。

また、分かれていった地域Bが、移動先でさらに新たな地域Cと盛んに交流するようになることも考えられる。そうすれば、地域Bの言語は地域Cの言語の影響を受け、地域Aの言語とは違ってくる。その差は広がる一方だ。

こうして長い年月が経つうちに、変化はさらに促進され、地域Aの言語と地域Bの言語は、コミュニケーションが不可能になってしまう。

これは一つの推測である。それでも、そんなことがあったのではなかろうかと想像することは容易だし、そのような想像のせいで、言語学が間違った方向へ進んでしまうとも考えられない。

だが、これは人の行き来が少なかった、遠い昔のことだろう。それに対して近代では、さらには現代では、あるいはこの先は、どんなふうにして言語が分かれていくのだろうか。これについては課題として、後ほど受講生自身に考えてもらいたい。

受講生──「言語は分かれていくだけで、融合したり、合体したりすることはないんですか」

う〜ん、どうなんだろうか。

二つの言語があって、一つがもう一つを飲みこむように一体となったり、その中に飲みこまれた言語の痕跡が残っていたりすることはある。

だが、それを融合とか合体と考えていいのか、わたしは疑問に感じる。完全に対等な立場で複数の言語がまとまっていくことがはたして可能なのか。それができると主張する人もいるようだが、わたしには分からない。

むしろ、政治的に統一しようとして、失敗した例はいくつか知っている。ある程度の強制力を以ってしても、なかなかうまくはいかないのである。銀行の合併もそうだけど、完全に対等というのは難しい。

このテーマについては、のちほどまた触れることにしたい。

ロマンス諸語ができるまで

この章では、何かにつけてラテン語やその子孫であるフランス語、イタリア語、スペイン語などを挙げて説明してきた。

ここで読者は不思議に思うかもしれない。黒田はどうして、自分の専門であるスラヴ諸語の例を挙げないのか。マイナーすぎて、遠慮しているのではないか。

いやいや、そうではない。

スラヴ諸語を挙げないのは、古代スラヴ語と現代スラヴ諸語の関係が、ラテン語と現代ロマンス諸語ほどはっきりしていないからである。古代スラヴ語は確かにスラヴ世界でもっとも古い文章語ではあるけれど、そこから現代スラヴ諸語が分かれていったと表現すると、少々誤解を招く恐れがある。これはスラヴに限らない。他の言語に関する知識が不足していることもあるが、それぞれの事情を考えてみると、先祖、子孫、兄弟姉妹といった関係が全面的に文句なく使えるのは、ラテン語と現代ロマンス諸語くらいではないかと判断したのだ。

ラテン語はいろんなことがはっきりしている。言語史に関する本を開けば、どこにもおおよそ次のようなことが書いてある。

紀元前三〜四世紀ごろのラテン語は、イタリア半島中部ラティウム地方の言語に過ぎなかった。しかしローマの発展および領土拡大に伴い、まずイタリア半島で話されていた関係の近い諸言語を征服し、それらに取って代わっていく。それから半島を出て、西・南ヨーロッパ、アフリカなどへ広がる。また、ケルトなどの先住民言語を消滅させながら、さらに勢力を伸ばしていく。こうして、ローマ帝国の拡大とともに、ラテン語はその使用地域が広がっていく。

しかしながら、紀元四世紀ごろになると、ローマ帝国の勢力は徐々に傾いていく。それに伴って、中心を失ったラテン語は、地域ごとの独自の変化を重ねながら、分かれていくのである。

こうして、ついにはそれぞれが異なる言語となり、今日のイタリア語、スペイン語、ポルトガル語、フランス語、ルーマニア語などになったのでありました。

めでたし、めでたし。

何がめでたいのか。こんな物語が手短に語れるほど、はっきりしているのである。めでたいではないか。

ときどき思う。比較言語学は、ロマンス諸語のためにあるのではないか。これだけの条件が整っている諸言語は、他にないといっていい。

だったら、そういう専門家が比較言語学を担当してくれればいいのに。

いや、愚痴は止めよう。

これだけはっきりしているロマンス諸語だが、それは歴史が分かっているからこそ、そういうことがいえるのである。

未来予想図

では、現在進行形で分かれつつある言語はあるのか。つまり、まだ分かれてはいないけど、その差異が広がりつつある言語は存在するのだろうか。

ここで思い浮かぶのは、ポルトガル語である。ブラジルのポルトガル語と、ポルトガルのポルトガル語は、その差もずいぶん大きいと聞くが、いずれは分かれてしまうのだろうか。今のところ《ブラジル語》とはいわないが、専門家たちは将来をどのように考えているのか、気になる。

ブラジルといえば、サンタ・カタリナ州にブルメナウという都市があり、ここにはドイツ人がたくさん住んでいるらしい。調べてみたら、秋にはビアフェスティバルもやるとか。ビールの味も気になるが、そういう人たちの使うドイツ語は、ヨーロッパのドイツ語とどのくらい違うのだろうか。

わたしはこういった言語現象にとても興味がある。

スラヴ民族でも、移住した先で言語活動をおこなっているコミュニティーがある。カナダのウクライナ人や、アルゼンチンのスロヴェニア人は、それぞれ出版活動もしている。トルコにもポーランド人グループの住む村があると聞いた。そういう地域では、いったいどんな言語活動が展開されているのか。そしてその言語は本国のそれと比べてどれほど違うものなのか。いちど自分の耳で聴いてみたいものだ。

もちろんスラヴ諸語以外でも、スイス、カナダ、西アフリカのフランス語は、フランスとどれくらい違うのかとか、韓国と北朝鮮では、いつかコミュニケーションができなくなってしまうのだろうかとか、そんなことをときどき考える。

もちろんその答えは誰にも予測はつかない。だがそういった可能性についてあれこれ思いを巡らせていると、言語が生きていることを実感する。生きているから変わるのだ。

用語の整理

ここで、この章で扱った内容に関係する用語を整理しておきたい。先祖とか子孫とか兄弟姉妹といった比喩は、誤解を与えかねないので、専門用語を紹介したほうがいいだろう。

まず、分化する前の言語のことを祖語《そご》という。齟齬ではない。もちろん、祖先の「祖」をとって、このように命名されているわけだ。他に、基語《きご》ということもある。

また、分化した諸言語のことは、姉妹語という。言語を女性に譬えているわけで、やはり比較言語学はロマンス諸語基準なのだ。あるいは同系語という用語も同じ意味で使う。

そして、これらをまとめて語族という。族は「家族」のように同じ祖先を持つ人々を指す。「社用族」や「暴走族」など、同類の仲間という意味とは違う。そしてその語族内の言語の関係は、これまでにもすでに使ってきたが、「同系」と表現するのである。

これだけ理解してもらえれば、話がずっと進めやすくなる。用語は論理の交通整理をしてくれるのだ。ありがたい。

方言はどう扱うのか

ここで方言について少しだけ触れておきたい。

そもそも、言語と方言の区別はあいまいであり、その間に明快な境界線を引くことは難しい。いうまでもないが、「お互いに通じるか、通じないか」なんていうのは、まったく基準にならない。別の言語間だって、チェコ語とスロヴァキア語は充分に「通じて」いるが、中国語やアラビア語ではそれぞれの方言どうしで「通じない」こともあるという。

そもそも方言には地域の違いによる地域方言のほかに、社会的身分の違いによる社会方言もある。同じ地域に住んでいても、王族のことばと庶民のことばが、別のものとして扱った方がいいくらい隔たっているものさえ存在するという。そういうことすべてを考慮に入れたうえで、方言の話をしなければならないのだから、本当に楽ではない。

方言と呼ぶためには、二つの条件があるのではないか。

一つは、方言は使う場面が制限されていることである。日常会話では毎日のように使っていても、すべての公文書やあらゆる公式場面で方言を使うことは、難しいのが一般的だ。

そしてもう一つは、方言はある言語に対して同系関係が証明できていることだ。といっても多くの場合は、わざわざ証明するまでもなく、同系が自明のことかもしれない。とにかく、同系を前提としていることには違いない。だから日本語の場合、《アイヌ方言》とはいえないことになっている。日本語とアイヌ語は、同系関係が証明されていない、むしろ違う系統ではないかという主張が定説だからである。

方言は取り扱いが難しい。歴史的な資料には共通語以上に限界があるのが普通だ。それでも、同系であることは間違いないのだから、比較言語学においては有力な情報を提供してくれそうである。実際、古い時代のギリシア語は、方言による文字資料も存在するため、比較言語学の研究にも使われている。一方、現代の方言の中には、さまざまな古い形が残っていることがあるという。慎重に扱えば、比較言語学に役立つのではないか。方言研究はさまざまな可能性を秘めている。

ただし本書では、資料の限界と著者の限界のため、方言についてはほとんど触れることができない。申し訳ないが、どうかご了承ください。

［課題］もしも日本語が将来分かれてしまうとしたら、どのような要因が考えられるでしょうか。今回の講義で紹介した事例などを参考に、自由に論述してください。

［ポイント］未来を予測することは、とくに人文科学においては、その範疇を超えている。長年そう信じてきた。しかし教育上は少しばかり想像を膨らませてみても、バチは当たらないのではないか。そう考えて、あえて出題してみた。もちろん、何らかの根拠が示されなければダメである。

自然災害が生じ、日本では食糧を確保することができない状況に陥る。飢えた市民たちは生き残るため、他国へ移住することを決意。日本人が全世界へ、ちりぢりばらばらに分散する。そして各々の土地で、日本語と現地語との言語接触が生じ、世界のあちらこちらで日本語の亜種が誕生する。

＊こんな感じで考えた受講生が全体的に多かった。「日本沈没」説まであった。沈没はともかく、実際、このような経緯で言語が変わったり、あるいは消滅したりという事例は現実にある。ただ現代のように情報技術が進んでいると、お互いに連絡を取り合おうという動きが生じるのではないだろうか。最近の日本人は「絆」を大切にしたがる傾向にある。

世代間で分かれるとしたら、高齢者と若者が違うことばを話すようになるかもしれない。私は新潟県出身なのですが、新潟では高齢者は方言が強く、学生は方言をほとんど使用しません。私は祖父母と共に暮らしていたので、話せないけれども方言を聞いて意味は理解できますが、祖父母のいない家庭の子どもたちは方言を話す高齢者の言っていることが分からないということもありえます。この状況がますます進んだら、世代間で異なる語彙が使われるようになるかもしれない。また、渋谷を中心として使われる若者言葉（空気読めない＝ＫＹ、のような）がさらに全国の若者に広まり、普遍的になったら、高齢者は若者の話す言葉が理解できなくなるだろう。ただし、同世代だけにその言語が広まるということはありえないだろう。

＊最後のコメントが重要。つまり、一定の世代だけに言語が広まることは考えにくい。だがこのような内的な変化、つまり外からの影響ではなくて内部から言語が変わっていくのは、いつの世にも起こることだ。コミュニケーションの阻害になるほどではないが、これが積み重なって言語が変化するというのが、比較言語学では王道の考え方である。言語のジェネレーション・ギャップは、無

視することができない。

　私が思いついた日本語が分かれるシチュエーションは、方言⇒一言語として独立、という過程です。そのためには、方言が方言である条件を脱する必要があります。すなわち、特定の地域で「使える場面が限定されない」という状況が確立し、一定の月日を経れば一つの言語として成立する可能性が考えられます。たとえばどこかの地域で「方言復興運動」などがおこなわれ、教育の現場に方言を積極的に取り込もうとするとします。その地域ではメディアもなるべく方言を用い、その影響で子どもたちの世代に共通日本語と方言のバイリンガルができてきます。その子どもたちが大きくなったときには、仕事の場面やシリアスな場面でも、方言を使うことにあまり戸惑いを覚えなくなるかもしれません。そしてその頃に、さらに「方言復興運動」が積極的に推進された場合、方言のほうが共通日本語よりメジャーになってくるでしょう。その状況を数世代でくり返せば、いつか方言が一言語としての地位を得る可能性も、なきにしもあらずです。

＊方言から言語へというのも、当然考えられるプロセスだ。現代ロマンス諸語が、ラテン語の地域方言からそれぞれの言語になったことは有名な例だ。また「方言復興運動」のような政治的、社会的な動きが言語に影響を与えることは充分ありうる。

　ただし、話者がバイリンガルになるくらいでは、根本的な変化にはまだ遠い。それよりも人々がその方言に権威を認め、そちらを話すことを積極的に選び、さらにそのほうが生活していく上で有利になる。

そういった条件が整うことが大切である。そうすれば、分化が進む可能性も生まれる。

地球温暖化が進み過ぎて、それぞれの島が小さくなり、その島々で「愛島心」なるものが生まれる。それで島同士なぜか敵対心が芽生えて、つながりを求めるより独立志向が高まって、結局それぞれ独立。そしてみんな仲が悪くなる。

＊温暖化はよく分からないけど、近隣との差異を殊更に強調することはときどき見られる現象である。みんな、自分のアイデンティティーを主張したいのだ。そういうとき、言語学的なバランスを考えて共通点についても冷静に指摘すると、確実にイヤな顔をされる。

大規模な大陸移動が勃発し、北海道、本州、四国、九州、沖縄が離散。それぞれ他の大陸や国と地理的に統合していった結果、日本語と他の国の言語が混ざり、新たな言語が生まれる。

＊なんだか、「ひょっこりひょうたん島」みたいだなあ。受講生の世代は、そんな番組は見たことないはずなんだけど。島国に住んでいると、いつの日か流れていってしまうような気がするのだろうか。まあるい地球の水平線に〜。

機械化が進行して、お掃除ロボットやお手伝いロボットに向けて命令するため、音声が認識されやすい簡略化された日本語がロボットを使う人たちや、その簡略化した日本語の方がインターネットで使いやすいと、好意的な評価を持った人たちから受け入れられ、若年層を中心に新しい日本語としての位置を占めるようになる。

＊これもＳＦ、しかもわたしが子どものころに読んだような、昭和のＳＦっぽい感じがする。でも、まったく架空の話といい切れるだろうか。海外から受け入れる介護士の日本語能力問題は、ときどき話題になる。彼らのために、簡略日本語ができないとも限らない。介護士とロボットをいっしょにするわけにはいかないものの、簡略日本語を歓迎する人と、それに反対する人が反目し合ったら、いったいどうなるだろうか。

宗教的な原因。

日本のある地域でイスラーム教を信仰する人が急増し、大量のアラビア語が入ってきた。その結果「いただきます」が「ビスミッラーヒラフマーニラヒーム」となり、イスラームと根強い関係を持つアラビア語と日本語を混ぜて使うようになった。

しかし別の地域では、ここ十年の間に急増したインド人ヒンドゥー教徒がそれに対抗する準備をしていた。彼らは日本語をデーヴァナーガリー文字で書き、サンスクリット系の単語を日本語に混ぜて子どもに教えていた。

日本の少子化が危惧される中、その二大勢力は人口を爆発的に増やしていった。その結果、日本語がイスラーム色を帯びたものと、ヒンドゥー色を帯びたものに分かれていった。

＊これを書いたのは、ウルドゥー語専攻の学生。さすがだ。

日本人は宗教に関連する現象を読み解くのが苦手なのだが、自分の専攻語地域のことを参考にして、ユニークな意見をまとめてくれた。宗教が政治、社会、文化のすべての面で影響力を持つ国はいくらでもある。もちろん言語もそうだ。善し悪しではなく、そういう意識はもっと持った方がいいのではないか。

ここで、日本語以外の例について、部分的に紹介する。

ブラジルに渡った日系一世と、その子孫の二世、三世間のコミュニケーションに、日本語とポルトガル語を織りまぜたことばが広く使われていて、現在でもその語彙を増やしているという話をネットで見ました。

＊ありがとう。こういうコメントはわたしも勉強になります。

インドネシアの文字を持たない少数民族が、ハングルを文字として採用するという記事を読みました。彼ら自身、韓国・朝鮮語を話しているわけではないので、文字のみの借用ということになりますが、ハングルを使用し続けて、いずれ韓国・朝鮮語の語彙などが流入していったら、どうなるでしょう。

＊これについては、翌週に朝鮮語専攻の四年生からコメントがさらについた。

「採用したのは南スラウェシ、ブトン島のチアチア人です。インターネットで「チアチア語」を検索すると、韓国のニュースサイトの日本語版記事がほとんどのため、好意的な内容しか現われません。私の所属するゼミで表記法について調べたのですが、いったい誰のための表記法なのか……？と疑問がフツフツと湧きました。ちなみに中期朝鮮語でのみ用いられる文字が使われています」

わたしも自分なりに調べてみたのだが、チアチア語がハングルという音節文字を取り入れる理由は、どうにも理解しがたい。

ただし、文字の採用は言語体系によって決定されるわけではない。かつてソヴィエト連邦では、ロシア語とまったく系統の違う言語がキリル文字を採用した例が多数ある。これを受け入れた言語には「社会主義」のような単語がそのまま導入されたわけで、政権には都合がよかったことだろう。実際、ハングル採用によってチアチア語には韓国からの援助が得られるという。

このような事例に対して善し悪しを判断するのは、言語学者の仕事ではない。成り行きを見守るだけだ。

マルタ共和国で使用されているマルタ語は、文法、語彙、音韻的に分析すると、どう考えてもアラビア語の一方言だろうという見解で、アラビア語学者の間では概ね一致しています。しかしマルタ人は「いや、これは独立したマルタ語だ。むしろイタリア語に近い」と言っておられます。

＊これは先ほども指摘した、自らのアイデンティティーのために差異をことさらに強調する典型例だ。まさに島でこういうことが起こっている点が注目である。ただし、本人たちが信じたいところを、周りが否定するのは難しい。複雑な問題に発展する可能性もある。

空襲の警報が鳴っていた。今日も私は西側からの攻撃に怯えていなければならないのだ。

きっかけは些細なことだった。よく言う「バカ」「アホ」のニュアンスの違いだった。西側の人間はしばしば「アホ」と言って私たち東側の人間を傷つけ、東側の人間は「バカ」を容易く使っては西側の人々に不快感を与えた。そうして東と西の溝は深まり、結果として両側で言語統制が敷かれた。東側では、いわゆる関西弁を用いたお笑い番組は見られなくなった。西側ではニュース番組に至るまで関西弁で放送されているそうだ。その言語統制からしばらくして、日本という国家は二分した。

私にとっては、そんなことは問題ではなかった。日々命の危険にさらされているのだから。「バカ」とか「アホ」の違いなんてどうでもよいことだ。人を傷つける言葉なんて、そもそも使うべきではないのだから。言葉で人を傷つけ、そしてその言葉の違いでさらに人を傷つけるということが、私は悲しくてたまらなかった。

……というような感じで、私の考える日本語分化の可能性はやはり何らかのニュアンスの違いです。言葉のニュアンスで人を不快にし、その結果その言葉を使う人に与える嫌悪感の連鎖が、分化を生み出しそうな気がするのです。「人を傷つける言葉を使わない」と書きましたが、そういう類いの言葉でなくとも、発言の方法やイントネーションによっては、そういうことにもなりかねないので、気をつけなければならないなと、黒田先生の授業を聴いているといつも感じます。

＊このような近未来小説仕立てで、内紛が原因で日本語が分化するのではないかという物語を書いてくれた受講生は、予想以上にたくさんいて驚いた。たくさんいたということは、多くの人が何かを感じているのだろうか。

先のことは分からない。ただ、可能性を考えるとき、歴史を振り返ることは大切である。

わたしは人文科学が過去を見つめる学問だと考えている。現在を見つめる社会科学や、未来を見つめる自然科学に比べると、人文科学はなんとなく地味だなあと感じることもある。

だが過去をきちんと整理しないで、やみくもに未来へ進むことがはたしていいことなのか。むしろ現在を正しく把握し、未来に対して的確な判断をするためにも、過去を知っておくことは非常に重要であるはずだ。

少なくとも言語の研究では、比較言語学のように、過去を追究する分野が現代の研究に必ず役立つ。だからこそ、絶対に無視してほしくないのである。

コーヒーブレイク

❸

『ひょっこりひょうたん島』は、一九六四年から六九年までNHKテレビで放送された。火山の爆発で漂流しはじめた島に、取り残されたり、あるいは逃げ込んだりした人々が活躍する、ミュージカル人形劇である。流れ着いた先でさまざまな人に出会うが、言語の問題はとくになかったし、ひょうたん島の住民も日本語を使い続けている。

とはいえ、詳細については自信がない。この人形劇が放送されていた頃、こちらはあまりにも幼く、ほとんど覚えていないのだ。ただ楽しかったことだけが、記憶に残っている。最近になって、DVDで改めて観たり、CDでヒット・ソング・コレクションを聴いたりしている。

お気に入りは「大学とは」という歌。

大学とは、全てを学ぶところ
真理の全てを　正義の全てを　愛の全てを　全ての全てを
すばらしい大学

なんだか「白熱教室」みたいだな。わたしが好きなのは、最後の歌詞。

大学とは　全てにすばらしいところ
クラブ活動　長いお休み　学生割引　アルバイトにデモ
すばらしい大学

その大学で、わたしは比較言語学を教えているのである。すばらしい。

NHK CD
ひょっこり
ひょうたん島

4 比較言語学の先駆者たち

欧米中心主義？

比較言語学の話をしていて心苦しいのは、どうしても「欧米中心主義」になってしまうことである。その原因はわたしの知識が偏っていることが大きいのだが、それだけではない。

比較言語学の中心となるのは、インド・ヨーロッパ語族に属する諸言語である。インド・ヨーロッパ語族については後ほど詳しく見ていくが、その名の通り、インドからヨーロッパにかけて話されている多くの言語がこのグループに属する。確かにインドやイランなど、アジア地域の言語も含まれてはいる。だが、対象となる言語が限定されることに変わりはない。しかも取り上げられる言語は、どうしてもヨーロッパが中心になってしまう。

「欧米」というが、「欧」と「米」ではだいぶ違う。「米」すなわち南北アメリカ大陸に存在するさまざまな先住民の言語は、どれもインド・ヨーロッパ語族ではない。だが多くの人が使っているのは、英語、フランス語、スペイン語、ポルトガル語など、ヨーロッパからもたらされた言語なのである。結果として、この地域の言語もインド・ヨーロッパ語族を考えるときに対象となる。

考えてみれば、アフリカでもオーストラリアでも、ヨーロッパからもたらされた言語が使われているわけだから、そもそも「欧米の言語」といういい方が、どう考えても不正確なのである。

指摘したいのは、インド・ヨーロッパ語族中心ということは、世界の言語を平等に扱っていないという点だ。

比較言語学はインド・ヨーロッパ語族の諸言語のために作られた理論なのかもしれない。その研究の経緯と成果を考えれば仕方がないこととはいえ、いろんな言語を専攻している受講生を前にすると、なんだか申し訳ないような気がしてしまう。

研究史を振り返る

比較言語学研究の経緯と成果とは、どのようなものなのか。

これを振り返るためには、その研究史、つまり言語学史を紐解かねばならない。

本来、言語学史は言語学そのものではない。ところが不思議なことに、過去に誰が何をしたかという事実が、比較言語学ではとくに強調されているように見える。

これは下手をすると、「偉人伝」になりかねない。世の中にはそういうのが好きな人もいて、言語に関していえば、たとえば明治期の日本にはこんなにも優れた英語達人がいたということをやたらと強調したがる本も存在する。こういう懐古趣味は苦手だ。

単に過去を崇拝するのはバカバカしい。しかし言語学史の中には、今でもその価値を失っていない研究成果もあり、過ぎたこととして一蹴するわけにもいかない。

それに加え、過去を大切にしている比較言語学だから、その研究史もやっぱり大切にすべきなのではないか。

振り返ってみれば、大学院で勉強したことのうち、主要なものの一つに研究史があった。どういう研究者が何を研究し、どのような業績を残したか。そういう人がどのような本や論文を書いて、そのうちどれが現在でも価値を失っておらず、さらには目を通すべきなのか。そういうことが、とても重要だった。人文系の大学院とは、こういうことを学ぶ場である。ところが外国語の場合、大学院で運用能力を伸ばそうと考えて進学する者がときどきいる。愚かである。

インド・ヨーロッパ語族の構成

インド・ヨーロッパ語族（略して印欧語族）の主な諸言語について、その分類表を次ページに挙げる。

印欧語族は非常に大きく、そのメンバーも数が多いので、整理するためにいくつかのまとまりに分けている。これを「語派」という。それでも多くて収拾がつかないときには、さらなる下位区分をする。これは「語群」としておこう。「語群」という用語は絶対的に決まっているわけではない。他にも「群」とか「グループ」ということもある。少なくともここで「語族」や「語派」を当てはめると混乱するから、使ってはならない。

語派	語群	古典語	現代語
インド・イラン	インド	サンスクリット語	ヒンディー語
		パーリ語	ベンガル語
			ウルドゥー語
			パンジャブ語
			ネパール語
	イラン	古代ペルシア語	現代ペルシア語
		アヴェスタ語	クルド語
			パシュトー語
アルメニア			アルメニア語
アルバニア			アルバニア語
バルト		プロシア語	リトアニア語
			ラトヴィア語
スラヴ	南スラヴ	古代スラヴ語	スロヴェニア語
			クロアチア語
			セルビア語
			ブルガリア語
			マケドニア語
	西スラヴ		ポーランド語
			チェコ語
			スロヴァキア語
	東スラヴ		ロシア語
			ベラルーシ語
			ウクライナ語
ギリシア		コイネー	現代ギリシア語
イタリック	ラテン・ファリスク	ラテン語	フランス語
			イタリア語
			スペイン語
			ポルトガル語
			ルーマニア語
	オスク・ウンブリア	オスク語	
		ウンブリア語	
ケルト	ゲール	ケルト語碑文	
	ゲーリック	古アイルランド語	アイルランド語
			スコットランド語
	ブリタニック	古ウェールズ語	ウェールズ語
		古ブルトン語	ブルトン語
ゲルマン	東ゲルマン	ゴート語	
	北ゲルマン	古ノルド語	アイスランド語
			ノルウェー語
			スウェーデン語
			デンマーク語
	西ゲルマン	中高ドイツ語	ドイツ語
		古期英語	オランダ語
		中期英語	英語
トカラ		トカラ語	
ヒッタイト		ヒッタイト語	

このような分類法にしたがえば、ロシア語は「印欧語族・スラヴ語派・東スラヴ語群」となり、住所というか、戒名みたいに長くなる。

ときどき「ロシア語は《スラヴ語》ですよね」とか、「《東スラヴ語》には他にもウクライナ語とベラルーシ語があるんですよね」というような表現をする人がいるが、わたしはこれがどうにも気に入らない。《スラヴ語》とか《東スラヴ語》というと、一つの言語名のように響く。しかし、そういう言語は存在しない。スラヴ語派については知っているからいいけれど、知らない言語について「語派」や「語群」のことを勝手に「語」と名乗られたら、わたしだって混乱したり、勘違いしたりしてしまう。ということで、用語は正確に。

印欧語族の分類表を見れば、一言語しかないのに「語派」を形成しているものがある。たとえばアルメニア語派、アルバニア語派、ギリシア語派などがそうである。これはそういう習慣であって、深い意味はない。ちなみに、こういう「仲間」（これも比喩）を持たない言語に、わたしは惹かれる。

難しいのは語派としては「イタリック語派」なのに、フランス語、イタリア語、スペイン語、ポルトガル語、ルーマニア語などは一般に「ロマンス諸語」と表現されるところだ。イタリック語派はラテン・ファリスク語群とオスク・ウンブリア語群に分かれるのだが、後者に属すオスク語もウンブリア語も、とっくの昔に消滅してしまっている。残ったのはラテン語の後裔ばかりで、これがロマンス諸語と呼ばれているのである。

用語は正確を期したいのだが、それにも限界がある。印欧語族の分類に関しては、歴史的な視点による「イタリック語派」とは別に、現代語について語るときに用いる「ロマンス諸語」の違いが、とても分かりにくい。これは「ゲルマン語派」と「ゲルマン諸語」、「スラヴ語派」と「スラヴ諸語」の関係とは、ずいぶん異なっている。

だからわたしがスラヴ諸語の概説を一般向けに書いたとき、グループ名として「ロマンス」を使ったら、読者から早速指摘されてしまった。そういう表現は極めて不正確であること、さらには知人に偉い言語学者がいるからそういうことをよく知っているのだと、手紙に書いてあった。イヤな人だ。でもさあ、スラヴ諸語の話をしたいときに、そっちに目が向いたら困るんだよね。

そう考えるのはわたしだけじゃない。先日、チェコの言語学者による言語学入門書を読んでいたら、「イタリック諸語」と「ロマンス諸語」をそれぞれ別のグループに分けているものがあった。現代語に視点を置いて説明するときには、そういう方法も認められているようだ。

トカラ語とヒッタイト語

印欧語族の中で、注目したい言語が二つある。

一つはトカラ語である。この言語は六〜八世紀に、現在の中国・新疆ウイグル自治区あたりで使われていた仏典の言語であり、地理的には印欧諸語の中でもっとも東に位置する。AとBの二つの方言を持つ。

トカラ語は二〇世紀になってから、ドイツやフランスの学者によって「発見」されたという。つまりは欧米で知られるようになったというわけだ。こういう表現もなんだか欧米中心主義っぽいなあ。しかしながら、このような中央アジア調査隊は日本からも派遣されている。

トカラ語の「発見」は、ケントゥム・サテムの分類に大きな打撃を与えた。

ケントゥム（centum）とサテム（satəm）は、ラテン語と古代ペルシア語でそれぞれ「一〇〇」のことである。インド・ヨーロッパ語族に属する諸言語は、「一〇〇」を意味する単語がどちらかのグループに属する。もっとも現代諸語ではいろいろと音交替をしてしまって、にわかには分かりにくい。英語やドイツ語はケントゥムだけど、kがhに変わってhundredやHundertになってしまった。フランス語なんてcentと書いて「サン」と読むのだから、サテムかと勘違いしそうだが、ラテン語の末裔なんだから当然ケントゥムだ。とにかくその分布を見ると、印欧語族地域のうち西はケントゥム、東はサテムに分かれるので、分類法の一つとして広く知られていたのである。

ところがこのトカラ語は、調べてみればA方言もB方言もケントゥムだったのだ。思いっきり東に位置するこの言語がサテムでなかった結果、印欧比較言語学は一部軌道修正が必要になった。そういうことも起きるのだ。科学は日々進歩する。

もう一つはヒッタイト語である。これは二〇世紀初頭にトルコで発見された文書の言語で、楔形文字で書かれている。この言語は一九一五年、チェコの言語学者フロズニーによって印欧語族に属することが確認された。

ヒッタイト語が解明された結果、印欧諸語のある音特徴が確認された。これは言語学者ソシュールが生前に予見していたことと見事に一致した。文書が発見される前におこなった予想が当たるのは、さすがにすごい。有名なエピソードである。

ソシュールの名前が出てきた。そろそろ「偉大な言語学者」たちを紹介しなければならないようだ。

印欧比較言語学の始まり

まず、イギリス人ジョーンズ（William Jones, 1746-94）の名前を挙げないわけにはいかない。ジョーンズは子どものころから語学が大好きだった。オックスフォード大学に進学してからは、アラビア語やペルシア語も含めて、いろいろな言語を熱心に勉強していたという。

だが、語学で喰っていけないのは、今も昔も同じ。結局、研究者への道をあきらめて、法曹界へと進んだ。しかし「語学魂」はそう簡単に消え去るものではない。一七八三年に裁判官としてインドに赴任するのだが、それを機会にサンスクリット語を熱心に学びはじめる。

一七八六年二月二日、ジョーンズは自らが設立したインド・カルカッタのアジア協会で、設立三周年記念講演「インド人について」をおこなった。

ここで彼は、次のような内容を話したのである。「サンスクリットは、その古さはどうあろうとも、驚くべき構造をもっている。それはギリシア語よりも完全であり、ラテン語よりも豊富であり、しかもそのいずれにもまして精巧である。しかもこの二つの言語とは、動詞の語根においても文法の形式においても、偶然つくりだされたとは思えないほど顕著な類似をもっている。それがあまりに顕著であるので、どんな言語学者でもこれら三つの言語を調べたら、それらは、おそらくはもはや存在しない、ある共通の源から発したものと信ぜずにはいられないであろう。これはそれほどたしかではないが、同じような理由から、ゴート語とケルト語も、非常に違った言語と混じり合ってはいるが、ともにサンスクリットと同じ起源をもっていると考えられる。またもしこの場でペルシアの古代に関する問題を議論してもよいならば、古代ペルシア語も同じ語族に加えられよう」（風間喜代三『言語学の誕生』一三〜一四ページ）

いつも思うのだが、ジョーンズの非常に優れたところは「ある共通の源から発したもの」と考えたことだ。ふつう、二つの言語が似ているとなると、古いほうから新しいほうができたという単純な解釈をすることが多い。トンデモ説のほとんどはこれである。加えて、アジア蔑視がまだまだ根強かった時代に、インドの言語に敬意を払っていることは、注目に値する。

ただし、彼はこの件についてはそれ以上追究していない。その代わり、インドの古典の英訳を熱心におこなった。さらには法律家として古代インドの『マヌ法典』も訳したという。すごい。

それにしても、裁判官としてはいったいどんな人だったのだろうか。だがこの点について、言語学の本は何も語っていない。

サンスクリット語研究からの出発

このように、印欧比較言語学はサンスクリット語研究から始まったと考えることができる。当然ながら、これに続く研究者がつぎつぎと現われる。

シュレーゲル（Friedrich von Schlegel, 1772-1829）はドイツの言語学者である。彼は著書『インド人の言語と知性について』（一八〇八）の中で、サンスクリット語を中心とした印欧諸語の比較を試みた。この本が有名なのは、「比較文法」という名称をはじめて使ったとされているからである。おかげでシュレーゲルは、比較言語学史では外すことのできない人物になった。

同じドイツの印欧語学者であるボップ（Franz Bopp, 1791-1867）は、若き日にこの『インド人の言語と知性について』に感動して、サンスクリット語の勉強を始めたという。本の与える影響力は偉大なものだ。

ちなみに、わたしの本に感動してくれる人はときどきいるが、ロシア語の勉強をはじめる人はきわめて稀である。なんでだろう？

ボップはほとんど独学でサンスクリット語に取り組んだという。写本から多くの例を集め、一八一六年に『ギリシア語、ラテン語、ペルシア語、ゲルマン語と比較したサンスクリット語の動詞活用組織について』を発表。この功績が認められ、彼はベルリン大学に迎えられ、比較文法の講座を世界ではじめて担当した。

たくさんの論文や著書がある中で、ボップの代表作といえるのが『サンスクリット語、ゼンド（アヴェスタ）語、アルメニア語、ギリシア語、ラテン語、リトアニア語、古代スラヴ語、ゴート語、ドイツ語の比較文法』（一八三三－五二）である。タイトルを見れば、解説はいらないだろう。これだけの言語を比較しちゃうんだから、本当にすごい。この歴史的記念物は、今でも海外のネット古書店を通して買うことができるのだが、信じられない高値がついている。言語学史の偉大な功績を入手することによって敬意を払いたくても、わたしの経済状態がそれを許さない。

とはいえ、すべての点で優れている人はいない。彼の論文「マライ・ポリネシア諸語と印欧諸語との親族関係について」は有名な失敗作であり、触れてはいけないことになっている。

言語学の国デンマーク

同じ時代に、すぐれた比較言語学者がデンマークにもいた。

あまり知られていないのだが、デンマークは言語学の国である。英語学研究で名高いイェスペルセン、難解で知られる『一般文法の原理』を書いたイェルムスレウ、チュルク突厥文字の解読をしたトムセンなど、大物がたくさんいる。

その中で、初期の印欧比較言語学の基礎を築いた一人として、ラスク（Rasmus Kristian Rask, 1787-1832）を欠かすことはできない。

ラスクはなるべくたくさんの言語を同じ方針でまとめ、それをもとに比較をしていこうと考えた。ということは、なるべくたくさんの言語を勉強しようとがんばっていたことになる。そういう人をわたしは尊敬する。だって、最近の「言語学者」は、なるべく少ない数の言語を研究して、なるべく多くの論文を量産しようとするんだもん。

彼の研究はデンマーク語で書かれたものが少なくない。それでも注目されるんだから、それだけ優れていたのである。英語で論文を書きさえすれば注目されると考えている、現代日本の研究者と大違いだ。ラスクにはノルド諸語の研究が多い。論文「古代ノルド語すなわちアイスランド語の起源についての研究」（一八一八）ではアイスランド語の系統を明らかにしようとした。この中ではラテン語、ギリシア語と古いゲルマン系言語を比較して、その間で見られる子音の対応を指摘したが、これが有名な「グリムの法則」のもとになっているという。この法則をまとめたグリムについては、次の章で詳しく話そう。

ラスクは語彙上の一致というのは不確実で、それより文法上の一致を信頼すべきだと主張した。今では常識となっている考え方も、かつて誰かが推し進めた結果なのである。

ノルド諸語のほかにも、ギリシア語、ラテン語、ゴート語、バルト諸語、スラヴ諸語に注目し、幅広い研究をおこなった。

こういう人を輩出するのだから、デンマークは本当に面白い国である。

印欧語学からリトアニア語学へ

わたしはスラヴ諸語のほかに、リトアニア語にとても興味がある。なかなか上達しないのだけど、この言語ができるようになりたくて、かつて現地で一か月ほど研修を受けたこともある。今でもときどき教科書を開いたり、あるいは本を読んだりしながら、かろうじて繋がり続けている。

以前はリトアニア語を学習するためには、英語やロシア語で書かれた教科書を使うしかなかったのだが、いまでは櫻井映子『ニューエクスプレス リトアニア語』（もちろん白水社）という優れた参考書がある。比較言語学に興味がある人は、絶対に買いましょう（立読み厳禁）。

さて、次に紹介するシュライヒャー（August Schleicher, 1821-68）については、わたしはリトアニア語の専門家としてはじめに名前を知った。彼の書いた『リトアニア語教本』（一八五六－一八五七）はリトアニア語研究がまだまだ未発達だった時代に出版された、記念碑的作品である。

シュライヒャーの生涯を調べてみると、これがなかなか波瀾に満ちていることを知った。

はじめ彼は神学を目指すのだが、これをあきらめて文献学に進み、二〇代半ばで言語の比較に関する著作をドイツのボンで発表している。期待の若手。ところがその後、なぜかプラハに行ってジャーナリストになってしまう。それもつかの間、書いた記事が問題となって国外退去命令。でもプラハ時代に身につけたチェコ語を活かして再びドイツでスラヴ研究をおこない、後にプラハの大学に勤めるようになってからは、バルト・スラヴ研究をはじめるのである。引越しの多い人生だ。

わたしはある日、リトアニアで出版された『リトアニア語における傑出した学者たち』という英文の本を読んでいたら、シュライヒャーに関するこんなエピソードを見つけた。

一八五二年にオーストリア・ハンガリー帝国の教育大臣がプラハを訪れたときのことである。晩餐会の会場に突然、ひときわ目を引くハンサムな紳士が現われた。当時は政情が非常に不安定な時代。大臣は何者だろうと一瞬身構えるが、その警戒もすぐに解かれる。紳士はリトアニア語の調査のため、現地に赴くための許可を願い出たかったのだ。これがシュライヒャーであり、大臣はこれをすぐに認めたという。

興味深いエピソードである。とくに「ハンサムな紳士」の言語学者なんて、聞いたこともないし、周りにもいない。いや、そもそもわたしは「言語学者」との付き合いがほとんどないのだが。

シュライヒャーは、言語学と自然科学が密接な関係のあることを主張していた。これは進化論と時を同じくして発展した比較言語学に、広く見られる傾向である。

有名なのは「印欧諸語系統樹」である。これは言語の変化を樹木になぞり、さまざまな言語が枝分かれしている状態をビジュアル化したものだ。このような図は言語学の教科書に今でもときどき見られる。

しかしながら、印欧諸語の祖語の再建、すなわち昔の姿の復元に取り組み、それはいいとしても、その再建した印欧祖語をもとに物語まで書いてしまったのは、どう考えてもやり過ぎだったのではないか。祖語は仮説なんだから、確定はできないし、他の印欧語学者と意見が違ったりもした。

しかしそのような方向に進んで行くのは、当時の比較言語学では止むをえなかったのかもしれない。学問研究も時代の風に左右される。

威勢のいい若手集団

ボップやシュライヒャーの研究は、非常に多くの功績を残したものの、まだまだ草創期であり、必ずしも科学的とはいえないところがあった。

それに対して若い世代からは、先生から多くの恩恵を受けながらも、それを乗り越えてさらに研究を進めようとする者が現われる。まあ、学問の進歩っていうのはそういうものだろう。ところがである。昔の大学の先生は、今とは比べものにならないくらいに偉かった。自分と違う意見は認めない教授もいた。

ドイツのライプツィヒ大学の印欧語学者ブルークマン（Karl Brugmann, 1849-1919）は、サンスクリット語の音について従来とは違う考えを論文で発表した。そしたら師匠のクルティウスが激怒してしまい、いっしょに仕事ができなくなってしまう。そこで仲間と組んで、新しい研究雑誌を立ち上げることにした。二〇～三〇代の若手ばかりが集まったこの集団は、保守派から見れば生意気な若手。それを受けて自らも青年文法学派（Junggrammatiker）と名乗るようになったという。ちなみにわたしが大学院生の頃、別の大学の古代スラヴ語講読の授業に非公式に潜っていた仲間五～六人のことを、密かに「少年少女文法学派」と名付けたことは、誰にも知られていない。

青年文法学派はとにかく威勢がよい。大権威を持つ大先生と張り合おうというのだから、そりゃ自然にそうなる。

彼らが掲げた標語は「音法則に例外なし」。自然科学と同じように、「すべての音変化は、それが機械的に起こる限り、例外のない法則に従う」ことを追究していくのである。

このグループにはたくさんの学者が名を連ねるのだが、独断と偏見で二人だけ紹介する。

ゲルマン語学のパウル（Hermann Paul, 1846-1921）は『言語史原理』を著したことで有名である。でもわたしが注目したい点はちょっと違っている。それはこの著書がかつて講談社学術文庫に含まれていたことなのだ。およそ言語学の基本図書といえるもので、文庫化されたものはほとんどない。だから学生時代にこの二巻本を見つけたときにはビックリした。もちろん買って読んだのだが、それはそれは難解だった。

一方、レスキーン（August Leskien, 1840-1916）はバルト・スラヴ語学が専門なので、こちらにはむしろ親しみを覚えた。彼の書いた『古代ブルガリア語文法』、つまり古代スラヴ語の文法書は基本文献の一冊だから、ドイツ語で書かれていても院生時代に頑張って目を通したし、ほかにも『セルビア・クロアチア語文法』や『リトアニア語読本』などもあちこち拾い読みした。

あっ、結局自分の興味がある話ばかりしていますね。どうもすみません。

ソシュールは自分で読んでください

青年文法学派は音法則について真面目に取り組んだし、「例外なし」ということで、あらゆる現象を妥協せずにキッチリ説明しようと頑張りもした。

でもねえ、世の中にはやっぱり例外があるんじゃないかな。

自分たちの目標に過度に合わせようとすると、どこかで無理が生じる。青年文法学派も、やがて行き詰ってしまった。

それを乗り越えていくように登場するのが、かの有名なソシュール（Ferdinand de Saussure, 1857-1913）である。彼もまた、はじまりは印欧比較言語学の研究であった。論文「印欧諸語における母音の原始体系についての覚書」は比較言語学に大きな影響を与えたのだが……。

まあ、このへんでやめておこう。ソシュールについては日本語でも読めるものがたくさんある。そちらを参照してください。

どうもこの章は話が長くなってしまった。なるべく面白そうなエピソードを盛り込んだつもりだが、人物紹介はどうしても偉人伝になりがち。それに、わたしだってすべてを知っているわけではないので、風間喜代三『言語学の誕生』や『言語学大辞典 第六巻 術語編』（三省堂）から、あちこち引用しつつ短くまとめたのである。詳しく知りたい方はそちらへどうぞ。非常に面白いエピソードがたくさん紹介されている。

それにしても、一九世紀の言語学はやっぱり華やかだった。

とはいえ、いつまでもそれに憧れていても仕方がない。現代には現代の言語学があるし、それは別に華やかでなくても、魅力あるものが作れるはずではないか。

いつの時代だって、若手は過去を乗り越えていく。だから言語学の大御所が「昔は言語学が輝いていたなあ」なんてぼやいていても、気にしてはいけないのである。

［課題］今回の講義では、いろいろな言語学者が登場しました。ところで、言語学史上もっとも「偉大な」言語学者とは、いったい何をした人物でしょうか。個人名ではなく、その功績を考えてみてください。

［ポイント］言語学は歴史に名を残すような人々のみによって作られたわけではない。誰でも日々使っている言語だからこそ、名もなき人々もまた多くの功績を残しているのである。いろいろな考え方があるだろうが、わたしが用意した答えは、わたしが言語学を習った先生の意見であり、これには非常に共感した。

今まで勉強してきた中で個人的に「これってすごいな、便利なことを考えついたな」と考えたのが、音声学で使う発音記号です。いくつかの限られた文字記号と、それに細かい特徴を表わす小さな付属記号を組み合わせれば、どんな言語のどんな発音でも表わせるので、すごいと感じます。

＊確かにすごい。しかし、発音記号すなわち国際音声字母（ＩＰＡ）が万能というわけではない。同じ記号が個別言語間ではズレていることもある。またそんなに素晴らしければ、ＩＰＡを実際に言語表記に採用してもよさそうだが、そういう言語は存在しない。ＩＰＡは発音をイメージするためのものくらいに考えたほうが、いいのではないだろうか。

誰が最初かはよく知らないのですが、語用論という概念を考え出した人は偉大であると考えています。

＊いや、語用論を考え出した人は名前も年号も分かっていて、「発話行為」はオースチンが一九六二年に、また「会話の協調の原則」についてはグライスが一九七五年にそれぞれ発表している。確かに面白い発

想で、かつて語用論を教えていたわたしには非常に興味深いのだが、それはあくまでも言語学の一分野に過ぎない。

新しい言語を発見し、その文法構造や語彙の特徴を研究してまとめた学者は偉大なのではないだろうか。

＊このように、言語の記述を目指す人々の功績を称えた意見は多かった。言語学者の中にも記述至上主義者は少なくない。ただし「発見」というのはある種の価値を伴う。ある人にとっては未知の言語でも、話者にとっては当たり前の存在。さらには母語の記述だって、同じくらい有意義なことではないだろうか。

この世界に存在する、もしくは存在した、はたまたこれから存在するであろう、すべての言語に共通する文法法則を発見できたら、これは素晴らしい功績となりうるのではないだろうか。

＊ユニバーサルな現象を求める声は高い。だが、違いのほうに目が行くわたしには、不可能にしか思えない。

まったく別の言語が存在することに気づいた人。

*このような意見が意外に多くてビックリした。いや、ある環境に身を置けば、誰だって別言語が存在することに気づく。日本では異言語体験が乏しいのか。

言語学という学問を発見した人。

*これはことば遊びである。確かにその分野が確立されなければ、その中の偉大な人も現われない。しかしどんな分野でも、それが確立する以前から、少なくとも注目する人はいるものだ。だったら「言語学」という名称を考えついた人が偉大なのか。どうも話がズレている。

言語を分析するのに数学の考え方を導入したチョムスキーの発想力は偉大だと思いました。僕はつい言語＝文系、数学＝理系というように割り切ってしまうので、数学的論理を用いて言語の構造を解明しようという考え方はとても斬新です。

*個人名ではないと断っているのにこういう意見を書く人が、とくに英語専攻の受講生に多かった。生成文法に洗脳されすぎではないだろうか。ほかにはソシュールやサピアを挙げた者がいた。「黒田龍之助」の名前を挙げた者さえいたが、これはこの講義の単位に卒業がかかっている四年生であった。

見たことのない、一見文字かどうかも分からないようなものを文字だと気づき、それを解読しようとした人です。

＊おっ、だいぶ近くなってきたぞ。ただ、文字と模様の区別はつくものだし、一つ二つでは文字かどうかも分からないようなものでも、大量にあればそれが何かの記号であることに気づくのではないか。

誰かは分からないけど、大昔に文字を最初に作った人がいちばんすごいです。文字がなかったら、昔の言語がどのようだったか分からないので、そもそも研究することができません。

＊そう、それ。わたしが期待した偉大な言語学者は「文字を発明した人」だった。ただし、文字の利点は昔の言語を伝えるだけではない。そのポイントは次の意見が示している。

わたしが考える「偉大な」言語学者とは、音声のみで構成されていた言語を、文字として視覚的に捉えることができるようにしようという発想をした人物だと思います。

＊そこだ。聴覚で捉えていたものを視覚で捉え直す。そこには大きな発想の転換がある。文字の利点は多い。すぐに消えてしまう音を保存できる、遠くの人にも情報を伝えることができる、古い時代のことも分かる、今では話者がいなくなってしまった言語のことも分かる。だが、そのすべてにおいて基盤となっているのは、聴覚を視覚で捉え直すという点にある。

文字を発明した人の名前については、一部では分かっている。だがそれは、すでに文字というシステムの存在を知ったうえで、個別言語にふわさしい文字を作っている場合に限られる。

一方、文字というシステムをはじめて作った人については、名前はもちろん、その人数も、おそらくは複数いたのではないかと想像されるが、何ひとつ分かっていない。でも、そういう人こそ「言語学者」と呼ぶにふさわしいのではないか。

「言語学者」という語に惑わされないでほしい。学術論文を書いているとか、大学に勤めているとか、はたまた立派な髭を生やしているとか、そういったことは何ひとつ言語学者の条件ではなく、一般的なイメージにすぎない。

名もない人々のさまざまな発想が、今日の言語学の基礎を築いた。わたしはそう考えているので、言語学史を「偉人伝」にはしたくないのである。

コーヒーブレイク

4

ソシュールの『一般言語学講義』は言語学における基本中の基本だから、外国語版を見つけると差し当たり買ってしまう。ロシア語訳、チェコ語訳、スロヴェニア語訳など各種持っているが、ではそれを読んだかといえば、当然のごとく読んでいない。買おうと考えるのはわたしだけでなく、カミさんも賛成するのだが、カミさんもやはり読んでいない。

外国語訳を持っていれば、論文か何かでソシュールが外国語で引用されるときに確認ができる。参考資料として便利だろうと考えたのだが、そういう機会にはこれまで一度も巡り合っていない。そもそも岩波書店から出た小林英夫訳だって、ひどく苦労して読んだのである。外国語でおいそれと読めるわけがない。

こうしてわが家の本棚には、読まない参考資料が増えていく。

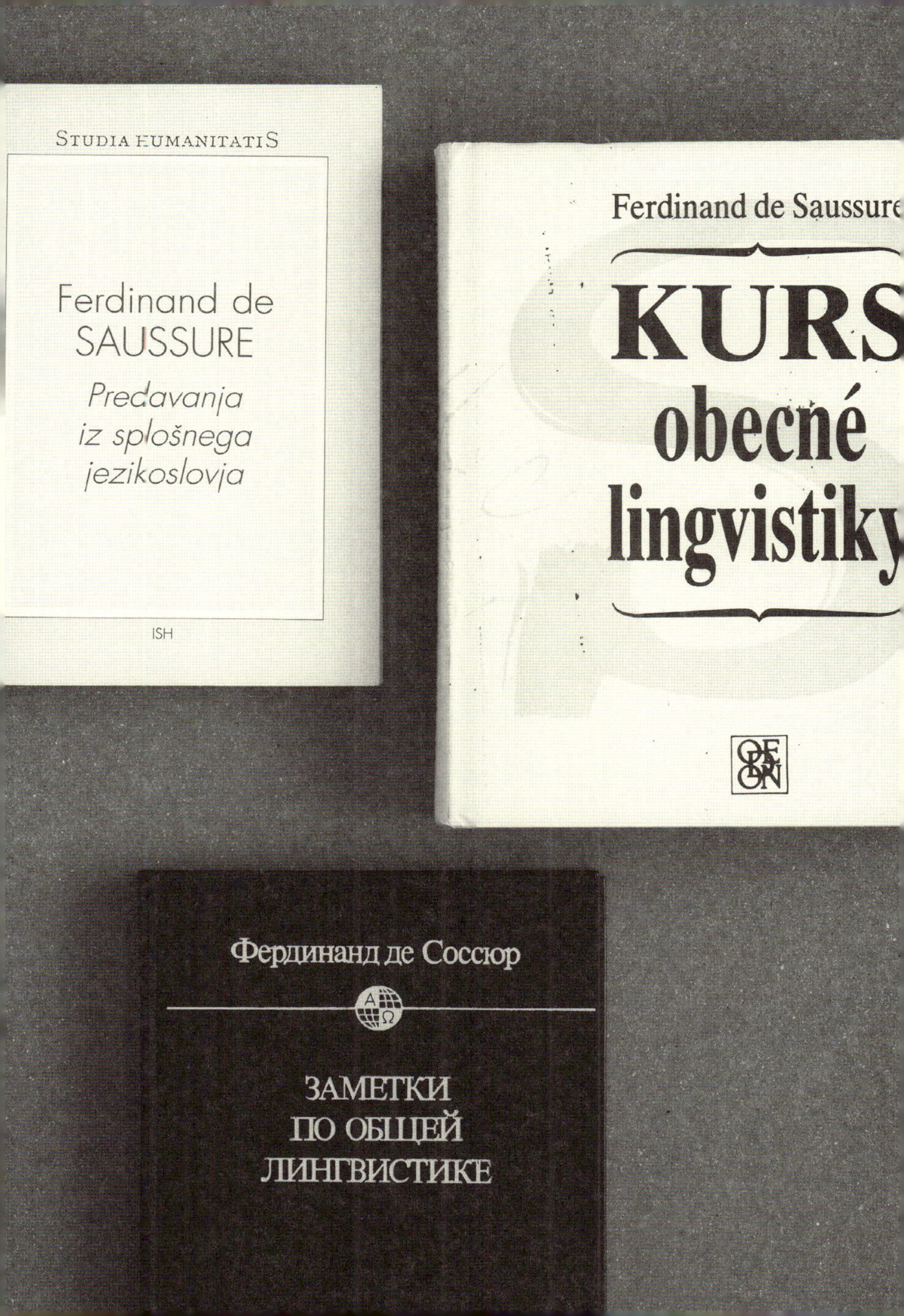
STUDIA HUMANITATIS
Ferdinand de SAUSSURE
Predavanja iz splošnega jezikoslovja
ISH
Ferdinand de Saussure
KURS obecné lingvistiky
Фердинанд де Соссюр
ЗАМЕТКИ ПО ОБЩЕЙ ЛИНГВИСТИКЕ

5 音の変化はいつでも複雑怪奇

音を扱うことの難しさ

音は難しい。

まず目に見えない。それから瞬時に消えてしまう。これは言語学の基本だから、分かり切ったことかもしれないが、一応確認しておこう。だからこそ、第四章の課題でも紹介したように、文字の発明がありがたいのである。

ところが文字は音そのものではない。音を文字に置き換えるとき、そこには多少のズレが生じるのがふつうだ。音と文字が一〇〇パーセント一致することは、ほぼ考えられない。

それでも比較言語学は文字に頼らざるをえない。昔のことは、基本的に文字を通してしか知ることができない。音の研究にしても、文字で表わされたもので比較するしかないのである。音声を聴き比べるわけにはいかない。

当たり前なのだが、このことはつい忘れそうになる。比較言語学発祥の地ヨーロッパでは、単音文字による表記が主流なので、気をつけないと音と文字が一致しているかのような錯覚に陥ってしまう。そんなことがありえないのは、英語のつづりと発音の乖離を考えても、すぐ分かるはずなのに。

だが、それも今や過去のこと。現代では技術の進歩によって、音を記録することがすでに可能になっているのは、ご存じのとおりである。

すでに二〇世紀初頭、人類学者ピウスツキはアイヌのフォークロア研究に、エジソンの発明した蠟管蓄音器を使ったという。つまり今から一〇〇年以上前の音が、現在でも残っているわけだ。

ひょっとすると、将来の比較言語学では、文字以外のデータを利用することが主流になるかもしれない。

とはいえ、それはここ一〇〇年くらいの話。それより前のことを研究するためには、一部の口伝などを除けば、相変わらず文字に頼らざるをえないのが現状である。

音韻変化とは何か

それでも、文字を基本におこなってきた比較言語学の音の研究を通して、いろいろなことが分かってきた。

つまり、音は変化する。

この場合の変化とは、社会習慣としての発音法が変わることである。個人的な変化、たとえば早口やいい誤りが原因で、一時的に変わったものは含めない。歯が抜けたり、酔って呂律が回らなかったりするのも考えない。そこまでは面倒見切れない。

音の変化には、大きく分けて二つのパターンがある。

一つは自生変化である。これは周囲の音の影響に関係なく、自発的に生じてしまう変化のことをいう。たとえば、それまでbと発音されていた音が、社会集団全体でpと発音するように変わる。このような現象が自生変化だ。

だがそうなると、新しくpと発音されるものは、それまでpと発音されていたものと同じになり、それでは意味の区別がつかなくなってしまう。その結果、古いpと新しいpがごちゃ混ぜ状態で同じ音韻になる。それでは不便なので、さらなる音韻変化が生じることもある。

さらには、音が一つ変わったせいで他の音も玉突き式に次々と変わり、音の体系全体が変わってしまうことさえありうる。のちほど紹介する「グリムの法則」もこれだ。

もう一つは結合変化で、ある音が周囲の音の影響を受けて変わってしまうことをいう。隣に似たような音が並んだりすると、その影響で音が融合してしまったり、反対に違いを際立たせるためにわざと変えたりする。

このような結合変化は、体系というわけではないが、音の変化という点では自生変化と同じように大切である。

こういうことだって、文字言語から得られた成果である。実際の音が聴けないからといって、文字をバカにするわけにはいかない。文字に感謝である。

ただし、文字資料をもとに昔の音について考えるためには、慎重を期すために、お約束事をいくつか決めておく必要がある。

まず、言語音の歴史的研究のためには、ある文字がある時期にどんな音を表わしていたかを決めなければならない。たとえ同じ文字であっても、時代によって同じ音とは限らないからだ。

そこで、昔の文字が表わす音を決定する必要が生じる。

それにはどのような方法が考えられるだろうか。

たとえば、音についての記述を調べるという方法がある。室町時代に編纂された古いなぞなぞ集に、「母では二度合うけれど、父では一度も合わない」というのがあって、答えは「唇」だという。現代日本語から考えると、どうして「母」で唇が二度合うのかサッパリ分からないが、これは当時、「ファファ」のように上下の唇で摩擦を起こして発音していたんだろうと推測する。つまり、現在の「ハ」の音が昔は「ファ」だったとなるわけだ。

また、詩の韻律から考えるという手もある。現在では別の音となっていても、韻を踏んでいるはずだから、昔と今では違うのだろうと判断する。

他にも、語呂合わせや洒落、楽譜などから類推したり、方言の中に古い音形を探し求めたりすることもある。資料が制限されているからこそ、そこは工夫しないといけない。

だが、どんなに工夫したところで、完璧というわけにはいかないのである。

変化を示す記号

このようにして、いろんな時代のいろんな音や語を比べることが、比較言語学では不可欠になってくる。

これからその変化を具体的に見ていくのだが、ここで言語学、とくに比較言語学で使う記号を二つ紹介しておきたい。といっても、それほど難しいものではなく、かつて小学校の算数で学んだ記号を、使い回しているのにすぎない。

まず「>」である。これは「〜へと交替した」「〜になった」を示す。たとえばb>pならば、「bはpへと交替した」あるいは「bがpになった」ということである。記号を使えば、文字でゴチャゴチャ説明するよりもずっとスッキリする。

反対に「<」は「交替する前は〜だった」「元は〜だった」である。p<bならば、「pは交替する前はbだった」「pは元はbだった」を示す。どちらの記号を使うかは、話の進め方や話題の中心によってさまざまである。

とても単純な記号なのだが、意外と間違えやすい。両方向があるので、どちらがどちらだか、気をつけないと混乱してしまう。そういうときには、矢印を思い浮かべるといい。「↓」や「↑」の縦棒がなくなって、矢先が大きく書かれていると考えれば、間違えずに済む。

「>」や「<」の記号は、このような音の変化だけでなく、語の変化も示すことができる。たとえばcantāre>chanter のように表記されていたら、cantāre が chanter になった、という意味である。反対に chanter<cantāre だったら、chanter は元は cantāre であったということを示している。ちなみに

cantāre はラテン語、chanter はフランス語で、それぞれ「歌う」を表わす。

「∨」や「∧」が使われるのは、印欧祖語のような再建形といっしょということが多い。genus∧*genos といった具合だ（genus はラテン語、*genos は印欧祖語、「人々、族」のこと）。このように再建形には「＊」をつけることになっている。実際に文献の中に例があるものと、理論上考えられるものを明確に区別するためだ。語源辞典などでも、この「＊」が使われる。ただし現代語の場合には、「＊」が非文などを示すことがある。いずれにせよ、現実にはない形であることは共通している。

この先は、「∨」や「∧」が大活躍する。

音は規則的に対応する

音の対応は、語形の偶然の一致を避け、親族関係を決定する効果的な方法の一つとされている。しかも音韻対応は規則的だ。美しいまでの体系をなす。実際、言語に魅かれる人には音韻に魅かれる人が多い。場合によっては行き過ぎなくらい音を重視することさえある。まあ、何事も行き過ぎは困るのだが。

音韻が美しく対応している例がないか、探してみる。すると見つかったのが、ラテン語とスペイン語の例だった。

スペイン語！　世界有数の言語人口を有し、日本でも学習する機会の多いこの言語に、わたしは触れたことがない。

「えっ、あれだけいろんな言語を齧っているくせに、スペイン語をやってないの？」

そういわれるとつらいのだが、事実だから仕方がない。そのくせ、テレビ・スペイン語講座のテキストに一年間にわたって読み物を連載したりしている。でもあれは、言語学とか外国語学習についてのエッセイであって、スペイン語そのものについては、調べたことをほんのすこし加えたにすぎない。

スペイン語に触れるチャンスがなかったのは、スラヴ諸語との接点が少ないためである。わたしが外国語を学習するのは、ほとんどの場合がロシア語をはじめとするスラヴ諸語の理解のためである。趣味や遊びではないのだ。だから、スロヴェニア語との接点があるイタリア語は勉強したのに、スペイン語はない。とはいえ、ラテンアメリカにはスラヴ系移民が多く暮らし、なかには言語活動もおこなわれているのだから、学べば何かしら益することもあるはずなのだが。いかんせん、時間と能力に欠ける。

ということで、ロクに知らないスペイン語の例である。

ラテン語の語頭のｆは、スペイン語のｈに対応している。スペイン語はラテン語が時代とともに変化してできたのだから、ｆ＞ｈ、つまりｆがｈに変わったともいえる。たとえば「娘」という語で比較すれば、ラテン語 filia＞スペイン語 hija となる。これはロマンス諸語の中でも特徴的らしく、イタリア語の figlia、ポルトガル語の filha、フランス語の fille などと比べると、その違いが際立つ。

この一例だけで比較してしまうのは、本当はよくないことだ。同じような例が山ほどあって、はじめて対応が示せるのである。

フレデリック・ボドマーが書いた、多言語概説書の古典 *The Loom of Language* を眺めていたら、この例がたくさん挙げてあった（以下、一部の誤植を訂正）。

ラテン語 faba＞スペイン語 haba、ラテン語 farina＞スペイン語 harina、ラテン語 folia＞スペイン語

hoja、ラテン語 formica＞スペイン語 hormiga…

ここでは語頭音にだけ注目して例を集めているので、それ以外の部分についてはピッタリと対応していないところもある。なかには意味が微妙にずれていることだってあるかもしれない。しかしラテン語の語頭のｆがスペイン語のｈに対応している例を二一例も挙げ、さらにイタリア語、ポルトガル語、フランス語、英語を並べている。これだけあれば、とても説得力がある。しかも、これが書かれている箇所の目的は、多言語で基礎語彙を覚えるためのコツを伝授することであって、比較言語学ではないのだから、これだけあれば充分ではないか。

あれ、ここで急に疑問。

スペイン語ではｈって発音しないいんじゃなかったのかな。わたしの中途半端な知識が頭をもたげる。まあでも、それはどうでもいいのかも。大切なのは規則的な対応を示していることのほうだろう。

対応のためには、ｆ＞ｈにならない場合の方にも注意を払わなければならない。ラテン語の focus「炉」に対応するスペイン語は fuego「火」である。意味が少々ずれているが、対応に関しては間違いない。この場合はｆがｈに変わってない。しかし、これだって気まぐれでこうなったのではない。スペイン語でも、ue の前だったらｆを保つのである。なお *The loom of Language* には、このようなパターンの例も挙がっている。

とにかく、音は、規則正しく対応している。こういうこともきちんとチェックすることが、比較言語学では欠かせない。

「民話のおじさん」ではない

ここで、比較言語学の最大成果である「グリムの法則」を紹介しよう。

グリムとは「グリム童話」で有名な、あのグリムである。かつてドイツ語専攻の学生が、「グリムの法則」のグリムと、「グリム童話」のグリムは別人だと勘違いしていたことがあったので、ここではっきりさせておきたい。

グリム兄弟の兄ヤーコプ（一七八五−一八六三）と弟ヴィルヘルム（一七八六−一八五九）は、ドイツ民衆の間に伝わる昔話を収集して、『子どもと家庭の昔話』『ドイツ伝説集』を出版した。これが一般にいう「グリム童話」で、日本でも広く知られており、子どものころから親しんでいる人も多い。わたしもたくさん読んだ。さらにはそのグリム童話でドイツ語を学ぼうという参考書も出ている（もちろん白水社ですよ）。

だがグリム兄弟の功績は童話ばかりではない。言語学においても、すばらしい功績があるのだ。

グリム兄弟のうち、兄のヤーコプは言語学者であった。彼は『ドイツ語文法』全四部（一八一九−一八三七）を書き表わしたのだが、この中の古いゲルマン語の歴史的記述に関する部分で、ものすごく有名な「グリムの法則」をまとめているのである。

「グリムの法則」とは、印欧祖語の三系列の破裂音のゲルマン祖語における連鎖的な自生変化である。つまり、インド・ヨーロッパ語族の諸言語が分かれる前にあったであろうと想像される音が、ゲルマン祖語では玉突き式の変化が起きて変わってしまったことをまとめたのである。子音のみを扱っていることから、「ゲルマン語第一次子音推移」ともいう。

「グリムの法則」は次のような表にまとめることができる。［表1］

[表1]

印欧祖語		ゲルマン祖語
*bh, *dh, *gh	>	*b, *d, *g
*b, *d, *g	>	*p, *t, *k
*p, *t, *k	>	*f, *þ, *x

真ん中にある「>」は、先ほど紹介したように「〜になった」「〜へと交替した」という意味である。簡略化してあるが、一つ一つを見れば「bhはbになった」「dhはdになった」などというつもりで書いていることが分かる。

中にはþなどという、見たことのない記号がある。これは国際音声字母、いわゆる発音記号ではθで表わされ、英語ではthinkのthの部分の音である。中学生向きの英語の参考書を見たら「舌先を上下の歯ではさむようにして発音する」とあった。まあ、そういう音なのだ。ではどうしてθを使わないでþと書き表わすのかといえば、これは歴史言語学、とくにゲルマン諸語の研究者間での習慣らしい。そういえばþは現代アイスランド語の表記でも使われ、その名称は「ソ(ル)トゥン」という(入江浩司著『ニューエクスプレス　アイスランド語』[白水社]を参照のこと)。

なんとも整然とした音韻交替であるが、そもそも祖語というものが作業仮説であることを忘れてはいけない。印欧祖語にしろ、ゲルマン祖語にしろ、そんなものは実在しないのである。だからすべてに「*」がついているわけだ。

そのため、具体的にはさまざまな言語の音韻や語彙で比べることになる。印欧祖語の具体例はサンスクリット語、ギリシア語、ラテン語など、またゲルマン祖語の具体例はゴート語、古高ドイツ語などで示すことが多い。

この点を間違えてはいけない。印欧祖語はサンスクリット語やギリシア語やラテン語のどれとも完全に一致するわけではない。ゲルマン祖語だってゴート語や古高ドイツ語とまったく同じではない。当然

[表2]

ギリシア語	P	B	F	T	D	TH	K	G	CH
ゴート語	F	P	B	TH	T	D		K	G
(古高独語	B(V)	F	P	D	Z	T	G	CH	K)

のことなのだが、これを混乱してしまうと何が何だか分からなくなる。わたしは学生時代、たまたま手にした言語学の教科書がこの点であいまいだったせいで、非常に戸惑った記憶がある。やめてほしかった。

ところで、このようにまとめるようになったのは、ずっと後のことである。ヤーコプ・グリム自身は『ドイツ語文法』の中で次のようにまとめている。[表2]

興味深いのは、グリムがこれを「文字論」として扱っているところだ。そう、比べているのは文字。この点で、グリムは極めて正確である。

ただしそうだとすれば、ここに挙げてあるギリシア語の例は、ギリシア文字からラテン文字に転写していることになる。本当は原本に当たって調べてみなければならないのだが、残念ながらグリムの『ドイツ語文法』は持っていないし、フリーの身で仕事をしていると大学図書館も敷居が高いから、調べるまで時間がかかる。この本が書き終わるまでに、確認できればいいんだけど。

もう少し分かりやすくまとめると、次ページのようになる。[表3]

ここでは作業仮説である印欧祖語とゲルマン祖語に加え、印欧祖語に近い言語としてギリシア語、ゲルマン祖語に近い言語としてゴート語の例が挙がっている。なお、■のように網掛けになっている箇所は、作業仮説である祖語と、実際の言語とでずれている部分を示している。繰り返しになるが、印欧祖語＝ギリシア語ではないし、ゲルマン祖語＝ゴート語でもないのだから、ずれていて当然なのだ。ピッタリと一致す

[表3]

印欧祖語	*p,	*t,	*k	*b,	*d,	*g	*bh,	*dh,	*gh
ギリシア語	p,	t,	k	b,	d,	g	ph,	th,	kh
ゲルマン祖語	*f,	*þ	*x	*p,	*t,	*k	*b,	*d,	*g
ゴート語	f,	þ	h	p,	t,	k	b,	d,	g

(堀井令以知『比較言語学を学ぶ人のために』30ページを改編)

る言語は存在しない。

細かい点を修正する

グリムの法則は美しい。あまりにも整然と並んだ音対応は、言語学が科学であることを実感させる。そう感じて、これに心酔した人も少なくないだろう。

だが、法則に例外はつきものだ。実際の例を見てみると、このグリムの法則だけではうまく説明のできないことがある。

たとえばギリシア語で「父」は pater という。それに対して、ゴート語は fadar である。語頭のp＞fは、グリムの法則どおりだからいい。問題は語中でt＞dと交替していることである。表で確かめれば、無声破裂音のtは無声摩擦音のþになるはず。きちんと対応していない。

これに対するグリムの答弁は「例外です」。なるほど。

しかしここに、これをただの例外とするのではなく、新たな法則を見出した人がいた。それがヴェルネルである。

あるときヴェルネルは、昼寝をしようとして、たまたまそばにあったボップの『比較文法』をめくっていた。比較言語学の概説書は穏やかな眠りを誘うのか。それはともかく、ヴェルネルにはこのときあるアイディアがひらめく。

この例外とされている、印欧祖語の*p、*t、*kが語中では有声化して、表記上ではb、d、gとなるのは、アクセントの位置に因るんじゃないかな。

これをきちんとまとめたものが、「ヴェルネルの法則」である。「グリムの法則」に対する修正補足である「ヴェルネルの法則」は、元の規則と並び称されるくらい有名になった。

すばらしいエピソードである。これを知って以来、わたしは昼寝の際に言語学の本を読むように心がけている。ただし、今のところ何も発見していない。

それにしても、二九歳の若さですばらしい業績を挙げた人は、そのあと何をしたのか。風間喜代三『言語学の誕生』によれば、その後のヴェルネルはほとんど研究を発表せず、「学者との交際よりもふつうの人々に混じってビールを飲むために酒場に通った」（二四六ページ）という。

非常に親近感を覚える。

地味だけど使える第二次子音推移

さて、グリムの法則は「ゲルマン語第一次子音推移」ともいった。「第一次」ということは、「第二次」が続きそうだが、実際にある。ただし「第三次」はないようなので、ご安心を。

「ゲルマン語第二次子音推移」は、ゲルマン諸語の中で高地ドイツ語に起こった子音交替であった。これが今日まで受け継がれている現代ドイツ語は、起こらなかった英語などと比べて、これまた規則正しい対応を示しているのである。

現代語で比べると、たとえば英語のdがドイツ語のtに対応するというのが分かりやすい。それに従い、英語の good はドイツ語の gut になる。また英語のthがドイツ語のdに対応するというのもあって、こちらの例としては英語の thank がドイツ語の danken になるわけだ。ほかにもいくつかあるが、いずれにせよドイツ語初級の新学期早々に習うような単語で充分に例が示せるわけで、このような対応は、なかなか実用的でもある。

だから「英語を活かしたドイツ語入門」といった感じの参考書にはこういう例が必ず挙がっており、「このように規則的なので、ドイツ語を覚えるのはとっても簡単なんです」というようなことが書いてある。簡単かどうかはともかく、このような比較言語学的知識が外国語学習で使えることは間違いない。

かつてはこのような対応を紹介する参考書がたくさんあった。ところが、最近ではあまり見かけなくなったような気がする。それ以前に、「ゲルマン語第二次子音推移」そのものが、比較言語学の概説書にあまり詳しく書かれていない。

どうやら「第二次子音推移」は、あまりにもローカルな話題のようである。

周りの音が影響を与える

この「グリムの法則」は、言語音の自生変化としてはあまりにも有名で、かつては言語学の概説書に必ず載っていた。その後も多くの比較言語学者が、これに匹敵するような音韻変化をさまざまな言語で追い求めており、なかにはそれが行き過ぎて、かなりアブナイものまである。

ところが最近では、「グリムの法則」が言語学の概説書に必ずしも載っていない。考えてみれば、これはインド・ヨーロッパ語族のうち、ごく一部でしか通用しない音韻変化である。わたしがつき合っている、ゲルマンの隣のスラヴだって関係ない。そんなローカルな現象は、言語学で必ず取り上げる必要もなかろう。そういう考え方もある。

それがいいのか悪いのか、わたしには判断できない。ただ、言語音の変化について触れるのならば、自生変化だけでなく、結合変化も紹介するのが筋だろう。ということで、話題を変えよう。

結合変化は、周りの音が影響を与える結果として生じる変化である。これは日本語にもある。せっかくだから、日本語の例を挙げながら見ていくことにしよう。

いろいろあるのだが、ここでは同化、異化、脱落、添加、音位転換の五つの例を挙げよう。

まず同化である。これは隣接または近接する二つの音の一方が、もう一方を同じ音、あるいは似た音に変化させることである。場合によっては、二つの音が相互に同じ音に変化することもある。

たとえば「踵」。「かかと」のことである。引き返すことを「踵を返す」という。この「踵」には「くびす」と「きびす」の二種類の発音があるが、このうち古いのは「くびす」である。それが同化によって kubisu＞kibisu となった。bi の部分の i の影響で、ku の u までが i に変わったのである。確かにその方が、口は横に広げたままだから、発音するのに楽かもしれない。

これに対して異化は、同じ音あるいは似た音の一方が異なる音に変化することである。いわば、同化と逆のことが生じているわけだ。

「七日」だったら「なな か」という発音のはずなのに、現代では「なのか」といっている。これは異化によって、二番目の na が no に変化した結果、nanaka＞nanoka となったわけである。同じ母音が続くと、かえって発音しにくいというわけだ。

脱落はその名のとおり、語中のある音が消失することである。

「顔」は旧かな遣いで「かほ」と表記するように、昔は kaho と発音されていた。それが現代のように kao となったのは、hが脱落したからだと考えるのである。

「たどん」もそうだ。「たどん」とは、炭の粉にふのりを加えて練って丸く固めた燃料である。近頃の若い人は「たどん」なんて見たことないだろうなどと年寄りはいうが、すでに若くないわたしだって使ったことはない。この「たどん」、漢字では「炭団」と書く。つまり tandon＞tadon のように脱落が起こったのだろう。

この反対が添加である。添加とは、語にある音が加わることである。脱落にせよ、添加にせよ、言語学用語なのに一般の用法と近いから分かりやすい。

「夫婦」は、その漢字から考えても「ふふ」のはずである。だが現代では「ふうふ」と発音する。ということは、fufu＞fuufu となって、uが添加されたと考えるわけだ。

しかしなにより面白いのは、音位転換である。いや、面白がっているのはわたしだけかもしれないが、この音位転換、あるいはメタテーゼともいうが、日常の意外なところに隠れており、これを見つけだすのがなかなか楽しいのだ。

音位転換とは、語中にある二つの音が互いに位置をとり換えることである。

たとえば「新」は、本来「あらた」と読むはずだ。形容詞なら「あらたし」だろう。だが現代では「あたらしい」というのがふつうだ。つまりここには、aratasi＞atarasi となり、rとtの位置が逆転してしまっているのである（「新」についてはメタテーゼではないという異論もある）。

この音位転換は、決して珍しい現象ではない。rの音を含んで位置を交替することが多いが、日本語に限らず、いろんな言語でこれが見つかる。他の例としては……。

いや、これは受講生のみなさんに考えてもらうことにしよう。

［課題］音位転換（メタテーゼ）について、例を挙げなさい。

［ポイント］受講生はこれまでに、言語学の概説書などを読んだことがあるに違いない。あるいは、別の言語学の講義を聴講している者だって少なくないはずだ。だとしたら、音位転換くらいどこかで耳にしているはず。はたしてどのような例を覚えているか。

「秋葉原」はアキバハラ＞アキハバラになりました。

＊これは有名な例。最近は「アキバ」という表記が多くなり、もとの形が復元されている。地名は「秋葉神社」（「アキバ」と読む）に由来するらしい。それが「アキハバラ」になってしまったのは、かつて旧国鉄の職員が間違えたせいだという指摘もあった。

「山茶花」はサンザカ＞サザンカとなったのは、漢字を見ても明らか。

＊そうそう、漢字がヒントを与えてくれることがある。これも有名な例で、しかも一七世紀初頭の『日葡辞書』に「サンザクヮ」という形が出てくるそうだから、実証もできる。

「紛らわしい」が、まぎらわしい＞まぎわらしいになる。

＊これについては、わたし自身は経験がないのだが、高校で英語教師をしている教え子から聞いたことがある。本来の話題そっちのけで、生徒はどちらが正しいのか分からなくなり、教室は一時騒然としたという。今のところはいい間違いのレベルだが、この先どうなるか注目だ。ことばを教える教師は、英語だけじゃなく日本語の知識も必要だ。

communication が日本語でコミュニケーション＞コミニュケーションといい間違える。

＊いい間違いどころか、書いてしまう例だってある。カッコ悪いよね。気をつけたいものだ。

小さい子供が「とうもろこし」を「とうもころし」、「おたまじゃくし」を「おじゃまたくし」といってしまうこと。

＊へぇ〜、そういういい間違いもあるのか。

aks＞ask

＊これは英語の有名な例。

brid＞bird

＊こちらも英語。こういった例は、たとえば寺澤芳雄『英語語源辞典』（研究社）を引けば、確認することができる。

　そのほかにも、受講生からはさまざまな言語の例が挙がったのだが、それを一つ一つ確認するのは非常に困難なので、ここでは取り上げない。

モリタ＞タモリ

＊ううっ、そうかなあ。これは倒置で、「ジャーマネ」（＜マネージャー）とか「デルモ」（＜モデル）とか、あるいは「まいうー」（＜うまい）といった、いわゆる業界用語風のひっくり返した語なんじゃないの？　米川明彦『若者語を科学する』（明治書院）によれば、この倒置は音節を単位にして逆転させるようで、多くの場合に最初の音節を最後に回すという。メタテーゼとは少し違う。犯罪者どうしで使う隠語に顕著だという指摘もある。あまりお品がよろしくないので、カタギのみなさんは気をつけたほうがいい。

　こんな感じであれこれ挙がったが、その中でもっとも多かった指摘は次のものである。

「雰囲気」がふんいき＞ふいんきのように言い間違えている例をよく耳にする。

しかしながら、わたしはそういうのを聞いたことがない。とはいえ、受講生の大半が「ふいんき」を指摘するからには、きっと何か理由があるはずだ。

こういうとき、頼りにしている資料がある。井上史雄・鑓水兼貴『辞典　新しい日本語』（東洋書林）だ。これは新方言、つまり今どきの日本語の新しい傾向について、豊富な資料に基づいてまとめられている。日頃のことばでちょっと疑問に思うことに対して、かなりの確率で答えてくれる便利な辞典だ。さっそくこれを引いてみることにした。

すると案の定、「フインキ」という項目が見つかったのである。

「北海道・新潟・四国各地・熊本に点在。中学生では全国的に半数以上が使う――親は近畿で二〇％程度なのを除くと一〇％以下だから、一世代で急に普及したわけだ」（一八四ページ）

この本が出版されたのが二〇〇二年、一方わたしの授業の受講生は調査時において中学生以下の世代である。おそろしいほど一致しているではないか。

それ以降ちょっと注意してみると、この「フインキ」を使っている人が少なくないことに気づいた。日本語は目の前で変わりつつある実例を、受講生たちに教えてもらった。

コーヒーブレイク

❺

写真はグリム童話のドイツ語オリジナル版である。

はい、やっぱり読んでません。すみません。『ドイツ語文法』は難しそうだから、せめて童話くらいはと思ったのだが……。わたしは如何にドイツ語が苦手かという話は、拙著『寄り道ふらふら外国語』(白水社)をお読みください。

グリム童話の原題は Märchen だ。メルヘンくらい、わたしでも分かる。aの上にテンテンのついたäは、aのウムラウトということも辛うじて覚えている。

それにしても、ウムラウトってそもそも何だろうか。調べてみれば「変音」という意味で、ヤーコプ・グリムによる言語学用語らしい。しかも歴史的にいえば同化現象だという。

グリムはどこまで行っても、ことばの変化と繋がっているんだなあ。

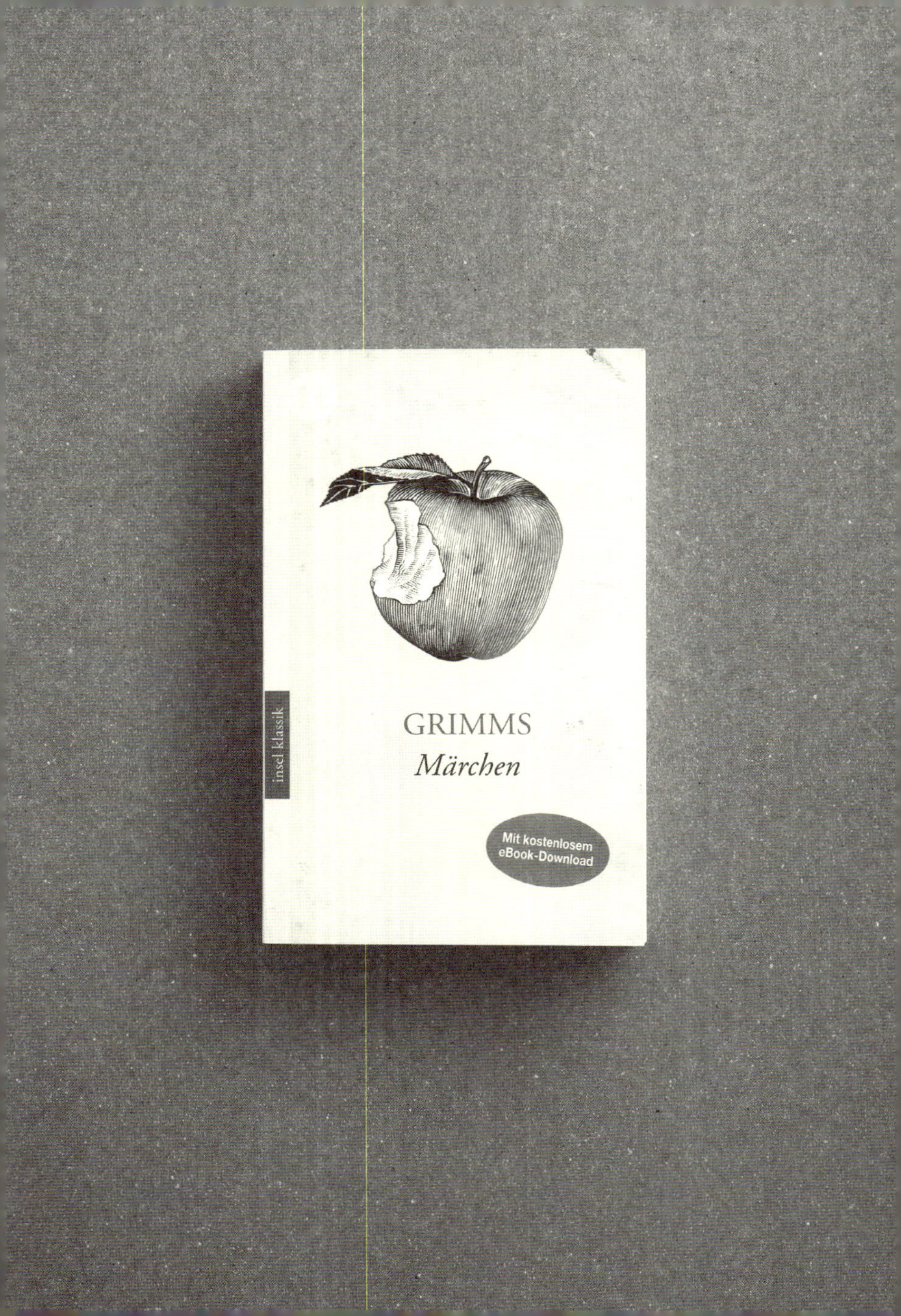
insel klassik
GRIMMS
Märchen
Mit kostenlosem
eBook-Download

ここで中間試験です！

ここまでに、全体の半分が終わった。なるべくやさしく語ってきたつもりだが、難しい用語や、捉えにくい概念もいくつか出ている。このあたりで講義の前半を振り返り、復習のために中間試験をしてみたい。

受講生全員「エ～！」

ほら、すぐエ～っていう。あのね、それじゃこれまで話したことはすべて覚えている？　用語や概念について正しく理解した？　最近、書いてもらった論述を見ていると、そもそも分かっていないのが明らかな人がチラホラ出ている。なによりも、学園祭の準備だか何だか知らないけど、欠席者がだいぶ多いよ。これでは先に進めない。

別に成績とは関係ないんだから、ノートをひっくり返したり、友だちと相談したりして、これまでの話を思い出してほしい。

問題はすべて選択式。各設問の後にはヒントと解答をつけておいた。また一部には、すこし詳しい解説をつけてある。

［設問1］比較言語学について正しいものはどれか？

①二つ以上の言語が地理的に同系であることを前提に比べる
②二つ以上の言語が地理的に異系であることを前提に比べる
③二つ以上の言語が歴史的に同系であることを前提に比べる
④二つ以上の言語が歴史的に異系であることを前提に比べる

＊比較言語学は歴史と密接に結びついていた。それが分かれば答えは簡単。［正解③］

［設問2］対照言語学について正しいものはどれか？

①同系の言語間でおこなうことはできない
②異系の言語間でおこなうことはできない
③同系の言語間でも異系の言語間でもおこなうことができる
④同系の言語間でも異系の言語間でもおこなうことができない

＊この中には、明らかに不可能な、それじゃ何もできないじゃないか、といいたくなる選択肢まで含まれている。［正解③］

［設問3］次の中で言語学的に不正確な表現はどれか？

①英語と日本語を対照する
②英語と日本語を比較する
③英語とドイツ語を対照する
④英語とドイツ語を比較する

＊「比較」と「対照」の区別がきちんとついているか。それができていれば、こういう表現は絶対にしないはずだ。［正解②］

［設問4］分化する前の言語を何というか？

①祖語
②先語
③親語
④古語

＊用語は決まっているので、正確に覚えなければならない。なかにはわたしが作ったフェイクさえある。［正解①］

［設問5］サンスクリット語とギリシア語・ラテン語との共通点に気づいたのは誰か？

①ジョーンズ
②シュライヒャー
③ソシュール
④チョムスキー

＊つまり、この中でいちばん古いのは誰かってこと。ちなみにジョーンズには、第四章で紹介したウィリアム・ジョーンズのほかに、音声学者のダニエル・ジョーンズという人もいる。

［正解①］

［設問6］青年文法学派の主張は何か？

①音素なくして形態素なし
②音法則に例外なし
③音韻に例外あり
④発音できない音はない

＊若い人は過激に突っ走る。しかし人生に例外はつきものだ。［正解②］

［設問7］**cantāre ＞ chanter の意味は？**

① cantāre から chanter になった
② cantāre は元は chanter だった
③ cantāre は chanter よりも広く使われる
④ cantāre は chanter よりも偉い

＊勘違いして、逆にならないように注意。［正解①］

［設問8］**次のうち異化はどれか？**

①「かほ」が「かお」になった
②「ななか」が「なのか」になった
③「あらたし」が「あたらし」になった
④「くびす」が「きびす」になった

＊異化のほかに、同化、添加、音位転換が含まれている。［正解②］

［設問9］次の記述で正しいものはどれか？

①チェコ語とハンガリー語はスラヴ語派に属する

②スウェーデン語とフィンランド語はゲルマン語派に属する

③ギリシア語とアルバニア語はギリシア語派に属する

④イタリア語とルーマニア語はイタリック語派に属する

＊地域だけで系統を決めてしまってはいけない。国境を接している国どうしの公用語でも、同語族あるいは同語派とは限らない。

①のチェコ語はスラヴ語派に属するが、ハンガリー語はウラル語族であってそもそも印欧語族ではない。②のスウェーデン語はゲルマン語派に属するが、フィンランド語はハンガリー語と同じウラル語族。ヨーロッパにも印欧語族以外の言語がいくつかある。③のギリシア語とアルバニア語はどちらも印欧語族だが、ギリシア語派に属するのはギリシア語だけで、アルバニア語はアルバニア語派である。それぞれが一国一城の主なのだ。イタリア語とルーマニア語はお互い少々離れているが、どちらもイタリック語派である。［正解④］

［設問10］次の記述で正しいものはどれか？

①トカラ語は六〜八世紀の旧約聖書の言語である

②リトアニア語は一言語で一つの語派を形成する

③アルメニア語はフロズニーによって印欧語族に属することが確認された
④サンスクリット語は現在でも話者がいる

＊これは最難関。消去法で考えるしかない。

①のトカラ語は仏典の言語だから違う。②のリトアニア語はラトヴィア語とともに印欧語族のバルト語派を形成するので一言語一語派ではない。③のフロズニーが印欧語族に属することを証明したのはヒッタイト語である。アルメニア語はメイエによって証明された。ということで、びっくりするかもしれないが、④が正解なのである。サンスクリット語は古典語であるというイメージが強いかもしれないが、多言語国家インドの公用語でもあるし、ある統計によれば現代でも三〇〇〇人近くが家庭で日常的に使っているという。〔正解④〕

さて、復習になっただろうか。

6 親戚以外の関係もある

あらゆる言語は「接触」している

第五章までは系統を中心に、言語の変化について考えてきた。比較言語学史上最大の成果といわれる「グリムの法則」まで登場して、綿密な音対応や慎重な調査の結果、さまざまなことが解明されたことを見てきた。

しかし言語の変化に影響を与えるのは、系統だけではない。

たとえば接触。

言語はその系統とは無関係に、他の言語と接触することによってさまざまな影響を受け、ひいては変化していくことも、充分に考えられるのではないか。

ここで再びたとえ話となる。

系統の同じ言語をたびたび親戚にたとえてきたが、人間にしても、人格形成に影響を与えるのは親戚だけではない。仲のいい友だち、近所の人、学校の先生、職場の同僚など、生きていく上で接触するさまざまな他人から影響を受けて、成長していく。

これと同じようなことが言語でも起こることは、容易に想像できるのではないだろうか。

人が交流する時代である。世界には三〇〇〇〜五〇〇〇の言語が話されているといわれているが、他の言語とまったく接触していない言語は、おそらくほとんどないだろう。

もちろん、日本語も例外ではない。

日本は地理的に「四方を海に囲まれた」と表現されてきたが、たとえ海に囲まれていようとも、それが接触の妨げになるわけではない。飛行機が発明されるはるか以前から、人は舟によって移動していた。海はむしろ「道」と考えるべきなのかもしれない。

いずれにせよ、日本を訪れる海外からの旅行者や在日外国人登録者の数は、増加の一途をたどっている。さらにメディアを通して、異なる言語文化圏からさまざまな影響を受けている。日本語は間違いなく、言語接触をしているのである。

外国語の影響を受けたくない人たち

人やモノが広く交流すれば、言語だって世界を駆け巡る。遠い地域の品物や概念とともに、ことばも届けられるのである。

だが、それが気に入らない人も存在する。自らの言語の純粋性を保ちたいと考える保守派は、どこの国でも少なくない。

そういう保守的な言語としてイメージされやすいのが、フランス語である。フランス人はフランス語が接触による影響を受けることをなるべく排除して、古き良き伝統を守ることに熱心であると語られる。その牙城ともいうべきものが、フランス学士院だ。一六三五年に創設され、辞書や文法書の編纂・改訂を主な仕事としているが、これに加えて、借用を極力排除し、フランス語の純正を保とうとしていることでも、つとに有名である。

そもそもフランス人は、自らのフランス語に高い誇りを持っているという。それは別に悪いことではない。親は自分の子どものフランス語が上手になることを非常に喜ぶというエピソードも、何度か耳にした。それも理解できる。言語はたとえ母語であっても、放っておいて上達するものではないからだ。ただ、それをむやみに持ち上げ、それに引き換え日本人は……といいたがる、中途半端な一部の「知識人」はよく分からない。

さらにフランス人は、英語が嫌いだという。外国人がフランス人に英語で話しかけても、無視するか、フランス語で返すほどだという噂まである。真偽のほどは確かではない。わたしはあまり信じていない。フランスだっていろんな人がいて、いろんな考え方があるんじゃないかなあ。

いずれにせよ、このような逸話はすべて、フランス人がいかにフランス語擁護に熱心であるかを裏付けるものとして、くり返し語られてきた。

だがそんなフランス語ですら、接触による影響は受けている。

有名な例は franglais「フラングレ」だ。

「フラングレ」とは、フランス語で「フランス語」を意味する français と、「英語」を意味するanglaisを混ぜて作った合成語である。フランス語はとくに第二次世界大戦後、アメリカ英語の影響を非常に強く受けた。それによって生まれた、フランス語の中に入り込んだ英語的語法を、侮蔑的に表現したのが「フラングレ」である。なかなか自虐的だ。

実際、現代のフランス人がこの「フラングレ」をどのくらい嫌っているのかは知らない。ただし、日本のフランス語教師およびフランス語学習者には、そういう人が少なくないと聞く。

ことばの純正主義者について語るのなら、別にフランス語の例を引くまでもない。

日本にだって、「正しい日本語」を求める声が根強くある。

「正しい日本語」を喜ぶ人、日本語ブームに便乗する人は、年配者に多い。理由は明白で、彼らは「正しい日本語」ができるからである。いや、彼らができるものを「正しい日本語」というのかもしれない。

一般に言語は長く接してきた者に有利である。外国語を学習する機会に恵まれず、新しい技術とは一線を画した生き方を選んだ人生経験者が、若者に威張れるのは日本語くらいだという、意地の悪い見方もある。とにかく、最近の日本語はなっていないと、ヒステリックに嘆く人は、間違いなく存在する。

言語の現状を憂う人は、世界中いたるところにいる。しかしながら、わたしはそのような方々から意見を聴くのが苦手なため、何を主張したいのかほぼ把握していない。知らなくても、言語と関わる仕事ができているので、不都合も感じない。

どんなに嘆こうとも、あらゆる言語はいろんな接触によって、どんどん変わっていく。言語学的に見れば、これはごく自然な成り行きである。

借用としての「外来語」

接触によって、まず起こるのが借用である。借用については、すでに第二章でも触れたが、ここでもう少し詳しく見てみよう。

借用といえば、必ず話題になるのが英語からの借用である。日本語は英語からの借用の占める割合が非常に高い。日本語に限らず、英語の影響はいまや世界の多くの言語に見られる。これを「英語の侵食」だとか「英語による侵略」などといって、眉をひそめる人もいる。

だが、英語は他言語に語彙を提供するばかりではない。英語自身もまた、多くの借用語を受け入れているのである。

ある統計によれば、英語の中の借用語ではラテン語系がもっとも多く、全体の半分近くを占めるという。といっても、ラテン語から直接受け入れたものばかりではなく、フランス語経由の語彙が多い。また、学術用語などに見られるギリシア語起源の借用語も忘れてはならない。他にもスカンジナヴィア諸語やケルト系言語から受け入れた語彙もある。これらの借用語を差し引くと、本来の語彙は全体の二〇パーセントあるいは一〇パーセント以下にすぎないらしい。

こういう話を聴くたびに、わたしは感心する。英語の語彙については、なんと綿密にその来歴が分かっているのだろう。数値が弾き出されるということは、語彙一つ一つについてかなり詳しく調べがついている証拠ではないか。世界にはそんな言語ばかりではない。英語研究はやっぱりすごい。

借用には、いろいろと面白い現象が見られる。

たとえば意味の変化。借用に際して、その意味が元の語彙と必ず一致するとは限らない。同じように英語のmachineを受け入れたのに、現代ロシア語の「マシーナ」машинаは主として「車」の意味で使われる。一方、日本語では「ミシン」となった。本来はsewing machineのように限定する形容詞がついていたのに、それが消えてしまっている。

日本語では、借用語の中でも一六世紀以降に中国語以外の外国語から借用されたものをとくに「外来語」という。この「ミシン」にしても、一説によれば一八六〇年にジョン万次郎がアメリカより持ち帰ったのが始まりらしい。

日本語の外来語のうち、室町時代の宣教師がもたらしたポルトガル語や、徳川時代に貿易を通して入ってきたオランダ語などについては、日本史でも習うところだ。明治期以降はさらに多くの外来語が流入する。

外来語といっても、いろいろある。そのままの形態を受け入れるばかりではない。

たとえば語尾「る」をおぎなって、動詞化したものだって外来語である。「パニクる」（<panic）のように単純に「る」を加えるばかりでなく、「サボる」のようにsabotageのうちのはじめの「サボ」の部分だけに「る」をつけることもある。「トラブる」（<trouble）なんて、活用させてみないとどこまでが外来語だか分からない。

また、語尾「い」をおぎなって形容詞化することもある。「エロい」（<erotic）、「グロい」（<grotesque）などがそうだ。

外来語混じりの合成語の、さらに略語というのもある。「アルコール中毒」が「アル中」、「合同コンパ」が「合コン」といった具合だ。

わたしが感心するのは「ドタキャン」である。「土壇場」で「キャンセル（＜cancel）」を縮約したものだが、これは他の表現でいい換えるのが難しい。よく出来ている。

こんなにも借用が多い日本語だが、根本的な要素、たとえば動詞を最後に置く語順などには、影響を与えることが少ない。つまり、もっぱら語彙を受け入れているだけで、文法まで変化をもたらすことはなかなかないということだ。

でも、広告などで「ザ・お中元」みたいなキャッチフレーズを目にすると、すこし考えてしまう。この「ザ」はもう語彙レベルではなく、日本語に定冠詞が登場する兆しなのだろうか、だとしたら、文法的な変化に発展するかもしれない、そうしたらすごいことになるぞと、勝手に想像を膨らませてしまうのだ。

言語の「上下関係」

そもそも、言語接触はどのような場合に起きるのか。ここで整理しておこう。

接触のためには、人間が交流する必要がある。その交流にもいろいろあるだろう。人間は移動するので、自然発生的に接触することもあるかもしれない。しかし、他の理由も考えられる。

たとえば通商。物を売り買いする行為は、現代社会においても接触を引き起こす主な原因である。モノといっしょにことばが入ってくるのは分かりやすい。モノだけでなく、概念など抽象的なものがもたらされることもあるだろう。

また、布教活動も考えられる。宗教的な教えはことばを通してなされるのがふつう。そのため、布教とともにことばも伝えられていく。歴史上、宗教が外国語研究に果たした役割は大きい。移民もある。ある集団がまとまって入植してくれば、先住者と新参者の間で接触が起きる。ことばも同様だ。

さらに、あまり幸せなことではないが、単なる移民ではなく、武力制圧というのも考えられる。新しい支配者が現われた結果、新しい言語がもたらされるというわけだ。

このように、接触にはさまざまなバリエーションがある。とくに移民や武力制圧のような大規模な接触では、言語の社会的・文化的な力関係によって、様相が異なってくる。

このとき大切になる考え方が「威信」である。

「威信」というと厳めしいが、権威とか、あるいはプレステージという英語を使った方が、分かりやすいかもしれない。

言語は本来、すべて平等であるはずなのに、人間はそこにプレステージの差を見出そうとする。この言語は立派だから公式に使うのに相応しいが、あの言語は粗野なので身内の間でしか使えないとか、そういう価値判断をするのである。

移民や武力制圧における先住者の言語と新参者の言語でも、この威信がどちらにあるかによって、パターンが違ってくる。

支配者の言語と被支配者の言語というように、上下の関係を作って共存する場合で考えてみる。よくあるのが、被支配者の言語を基盤として、支配者の言語がその上に覆い被さるようにのし掛かってくるようなパターンだ。このようなとき、言語学では被支配者の言語を「言語基層」、支配者の言語を「言語上層」という。

多くの場合、支配を受けると自分の言語を捨て、支配者の言語に切り替えていくというパターンになる。それは言語上層のほうが、他方の言語よりも社会的に威信が高く、言語使用者の間で学習と模倣の積極的な対象となるからである。分かりやすくいえば「憧れ」だ。

反対に言語基層は、他方の言語よりも社会的に威信が低く、その使用がいろいろな形で制限され、言語使用者自身の間でも消極的な評価しか受けない。こうなると、将来の存続が危ぶまれる。

ただし歴史言語学の場合には、すでに消滅したけれど、何らかのかたちで痕跡を残している言語を指して「言語基層」というので注意が必要だ。

フランス語は、ガリア語の上にラテン語が覆い被さるようにして形成されたものだが、現在でもガリア語の痕跡が見られるという。この場合、ガリア語が言語基層で、ラテン語が言語上層ということになる。

借用語に敏感なフランス語だって、このようにハイブリッドなのである。英語の影響だけを毛嫌いするのは、本来おかしいのかもしれない。

仲良く共存

接触の結果、言語間に上下関係ができるというのは、なんだかイヤな話である。そもそも、支配とか被支配とかいう表現が穏やかでない。だからこそ、そうなれば支配者の言語が強いだろうなということは、容易に想像できる。

だが不思議なことに、接触しても上下関係がない場合もあるという。こういう関係を「言語傍層」という。接触した言語間で社会的威信にそれほど違いがないために、並列的な関係が保たれるというのだ。もちろんこれは、支配とか被支配といった関係ではない場合のことだろう。そうではなく、地理的に隣接した地域の言語間で、自然発生的および長期にわたって言語が接触するときに、このようなことが起こる可能性が高い。

でも、そんな例ってあるのだろうか。

言語学の本によれば、西ヨーロッパのドイツ語、フランス語、イタリア語がそうであるという。なるほど、そういう見方もできるかもしれない。だが、社会的威信に差がないというより、これらの言語はそれぞれが非常に強烈な威信を保持しているからではないか。セレブな言語たちが、たまたま隣り合って住んでいるようなもの。

ちなみにわたしは、この三つにスペイン語を加えたものを「英語圏の四大外国語」と勝手に名付けている。アメリカやイギリスで出版される語学教材は、この四言語が圧倒的に多い。反対にそれ以外となると、グッと少なくなる。

だが日本の学習者で、この四つを勉強した人はものすごく限られる。それどころか、英語以外に二つの外国語を学習する人すらなかなかいない。もっと、いろんな言語の世界を見てほしいんだけどなあ。

さて、言語傍層は他にもあるらしい。

インド・アッサム地方のインド・アーリア諸語と、チベット・ビルマ諸語、さらにオーストロアジア諸語がそうだという。

また、ニューギニアとその周辺地域におけるパプア諸語とオーストロネシア諸語も、お互いに上下関係を築かず、並列的な関係が保たれているというのだ。

これについては、残念ながらわたしの知識では確認することができない。それでも、お互いに平和な関係が続いていることが想像され、なんとなく穏やかな気持ちになる。

言語接触に伴う言語変化

このように、言語接触が起こったときにその言語がどうなるのかは一様でない。

基層や上層のように、言語間で上下関係ができれば、一方の言語が他方の言語に吸収されることになる。その地域では言語が入れ替わってしまったようにも見える。

また、ごちゃ混ぜになった中間言語ができる場合もある。これがピジンやクレオールなのだが、これについては次の章で詳しく取り上げることにしよう。

さらには、それぞれの言語集団が自らの言語を保ちながらも、相互に影響を与え合うことがあるという。これが「言語連合」である。

言語連合は、もともとは系統が異なる言語なのに、同じ地域で長いこと接触し続けた結果、音韻や文法や語彙の各分野で互いに影響しあい、共通の特徴が発達することをいう。

その中でも特に有名なのが「バルカン言語連合」だ。

バルカン言語連合は、ヨーロッパのバルカン半島にある、アルバニア語、ギリシア語、ブルガリア語、マケドニア語、ルーマニア語の間で見られる現象である。

言語の系統を確認しておこう。どの言語もインド・ヨーロッパ語族には違いないが、アルバニア語はアルバニア語派、ギリシア語はギリシア語派と、それぞれ一語派一言語という「一匹狼」。一方、ブルガリア語とマケドニア語はどちらもスラヴ語派、ルーマニア語はイタリック語派である。

バルカン言語連合で有名な特徴に、後置冠詞の発達がある。

後置冠詞とは、英語のtheのように限定を示す要素のことだが、その位置が前ではなくて、単語の後に付く。後ろに置く冠詞なので、後置冠詞というわけだ。お尻に冠を付けているなんて、本当はちょっとヘンなんだけど。

言語学の概説書によれば、ルーマニア語ではomul「その男」のulの部分、ブルガリア語ではжената「その女」のтаの部分、そしてアルバニア語ではmiku「その友だち」のuが、それぞれ後置冠詞だというのである。なるほど、みんな最後に短いものが付いている。冠というより、尻尾だな。

あれ、ちょっと待て。

こういうとき、例として挙げるのは同じ単語のほうがいいんじゃないかな。すべての言語の「その男」で比べてみたほうが、その違いが浮かび上がると思うのだけど。

ところが多くの概説書で、ルーマニア語は「その男」、ブルガリア語は「その女」、アルバニア語は「その友だち」の例なのである。ひょっとして、みんな孫引きなのではないか。

バルカン言語連合は難解である。多くの言語の知識がなければ研究することができない。研究どころか、説明を理解するだけでもタイヘンなのだ。

以前、アメリカの研究者がこのバルカン言語連合について講演をおこない、それを聴きに行ったのだが、本当に難しかった。例にしても、ブルガリア語とマケドニア語だけはスラヴ系だから辛うじて理解できるが、ギリシア語は現代のほうだから昔勉強した古典ギリシア語とはだいぶ違うし、ルーマニア語にしてもわたしのレベルではイタリア語などからの類推がつかず、アルバニア語ときたら皆目見当がつかない。さらにはトルコ語とか、ア・ルーマニア語までが登場する。ア・ルーマニア語とはギリシア、アルバニア、旧ユーゴスラヴィア、ブルガリアの所々で話されているルーマニア語の一種で、マケド・ルーマニア語ともいうそうだが、そんな言語が存在することは、その講演を聴くまで知らなかったくらいである。これでは話についていけない。

以来、バルカン言語連合は憧れである。外国語をたくさん身につけることができ、さらに慎重に研究することができる人だけがアプローチできる世界である。わたしには無理だった。誰かこれに挑戦し、日本人向けに分かりやすく紹介してくれる人はいないだろうか。

バイリンガルと言語干渉

ここまでは言語接触が起こったとき、その社会ではことばがどのように変化していくのかを見てきた。しかし考えてみれば、ことばが変わるというのは個人の言語行動が基本である。社会的な言語接触も、まずは個人の「二重言語使用」あるいは「多重言語使用」から実現される。

ここでバイリンガルの登場である。

バイリンガルはすでに言語学用語というほど専門的ではなく、世間に広く知られている。しかもそれは外国語学習や帰国子女と結びつき、ときには奇妙なイメージがつきまとう。だが、これについては後ほど検証するとしよう。

話を簡単にするために二言語使用に限定して考えていく。

二言語使用は言語習得、つまり覚えるところから始まる。これを忘れてはいけない。《生まれつきのバイリンガル》なんていない。言語は後天的な能力だ。無自覚かもしれないが、どこかで努力して身につけたのである。《自然に》じゃない。

二言語が身につけば、これを併用することが可能になる。ただし、使い分けるためには言語コードを切り替える必要が生じる。

ところが、この切り替えがうまくいかないこともある。するとコード間の干渉が起こる。つまり、二つの言語をごちゃ混ぜにして話してしまうのだ。

人づてに聞いた話。バイリンガルの子どもたちが電車の中でお喋りをしていたのだが、ある子がこんなことをいったという。

――He kicked me and マジで痛かった！

こんな感じで、文の途中から言語が変わってしまう。

複数の言語がきちんと使い分けられていない、むしろ困った例なのだが、なぜかこれに憧れる外国語学習者がいる。二つの言語をごちゃ混ぜにして話すことに、カッコよさ、つまり「威信」を感じるのである。

バイリンガルは本当にカッコいいのだろうか。

そもそも、複数の言語を混ぜて話すというのは、使いやすい表現をつなぎ合わせているにすぎない。むしろ楽なのである。

わたしにも経験がある。

ロシア語の通訳としてバイトをしていた二〇代の頃、ロシア人の日本語通訳と組んで仕事をするのが常だったが、その打ち合わせのときは、ロシア語と日本語を適当に混ぜて話していた。代表団の名簿を見ながら、

――Кто из них 偉い?（彼らの中で誰が偉いの?）

――Он очень 偉いよ（彼はとても偉いよ）

なんて会話をして、だったら今後はこの人をマークしておかなきゃね、などと話していた。別にカッコよくない。むしろ聞かれたら恥ずかしい。

これはお互い楽だからという理由からわざとやっているのだが、気づかずに混ざってしまうと、すでに言語干渉である。

言語干渉は言語が途中で変わるだけではない。外国語を話すとき、母語の影響が現われるのもそうである。

ドイツ語系英語の例を見つけた。たとえば「もうすぐ家に帰ります」に対して、ふつうは I come

home soon. なのに、それが I come soon home. となってしまう。これはドイツ語の Ich komme bald nach Hause. の影響なんだという。外国語を身につける過程では、こういう干渉がよく起きる。

個人ではなく、社会全体で干渉が起こっていることもある。アルザス地方のフランス語では、「毎週木曜日」を tous les jeudis ではなくて、chaque jeudi と表現するのは、ドイツ語の jeden Donnerstag の影響だという。アルザス地方は歴史的にドイツ語の影響が強い。

間違いといえばそうかもしれない。だが社会全体で生じる現象ならば、すでに言語そのものの変化だと考えられるのではないか。

わたしはこのような、ある種の「地域バージョン」が個人的に好ましい。シンガポールの英語では、Can you? と聞かれたら、Can, can! と答えるという。なんか、チャーミングではないか。

［課題］バイリンガルについて、あなたの考えを自由に述べてください。

［ポイント］すでに日本語の中にしっかりと根を下ろした外来語「バイリンガル」。言語学用語という意識はまったくないが、だからこそ世間的なイメージがついてまわる。

さっき先生は「バイリンガルはカッコいいか？」とおっしゃっていましたが、先生はカッコよくないと考えているのですか。ちなみに私は断然カッコいい派です。バイリンガルの友人が外国人とペラペラ話しているのを見ると、私も同じだけ話せたらもっと相手のことをよく知れるのにと、うらやましいです。

そういえば、その友人は英語・日本語のバイリンガルなのですが、日本でいうバイリンガルのイメージはなぜか「英語と日本語」が主なのが不思議です。きっとヨーロッパだったら「フランス語とドイツ語」とか「スペイン語とイタリア語」とかそれ以外とかたくさんいると思うのですが、世界中で見てどの言語とどの言語のバイリンガルがいちばん多いのかなって、ちょっと気になりました。

＊大学生で、しかも外国語学部生で、これだけ素直に「バイリンガル礼賛」は珍しい。バイリンガルの組み合わせについては、他にも指摘があった。どの組み合わせがいちばん多いのかはともかく、日本にいるとバイリンガルは「英語＋日本語」ばかりだと感じるらしい。わたしは仕事柄、そうでない人にばかり会ってきたので、むしろ意外だった。

僕はアメリカ生まれの、俗にいう「帰国子女」です。日本人なのに日本語の発音が下手です。僕個人のことなのですが、どうやら使う言語によって性格が変わるみたいです。英語を使っているとき（それほどペラペラではないですが）の僕は、日本語を使っているときよりも強気だね、とたまに人にいわれます。実際、日本語を使っているときと英語を使っているときでは、性格というか人が変わる気が自分でもします、僕自身も。言語を使用する環境の影響か単なる思い込みであって、言語そのものにそんな自己を形成する何かがあるわけがないのですが、そのような錯覚を感じてしまいます。

＊これはわたし自身も経験がある。たとえば「コーヒーと紅茶とどちらにしますか」と尋ねられたとして、これが日本語だったら「どうぞ、お構いなく」と答えるところが、ロシア語だったら「コーヒーをお願いします。ミルクを入れて、砂糖はなしで」となってしまう。それぞれの言語文化圏でふさわしい行動を、無意識のうちに選んでいるのだろうか。

バイリンガルというと、外国語を話せる人という意味でとらえてしまいがちですが、日本の中でも地元の人と話すときだけ方言が出てしまう人は多いはずです。それはコード・スウィッチングの例とはいえないでしょうか。

＊これも考えられる。ある知人は、東京では共通語しか話さなかったのに、故郷である東北地方から電話をもらったら、明らかにいつもと違うイントネーションだった。ちなみにこの人は言語学者。コードの切り替えはそれほど難しい。ただし、二言語併用に対して、言語だけではなく方言にも適用できるかは、異論のあるところかもしれない。

私は日本で勉強している英語母語話者だ。理論上はバイリンガルといえるはずだが、そのせいでバイリンガルについてはいいたいことがありすぎて、考えがうまくまとまらない。

これだけはいえる。自分も二つの言語を話しながらも、バイリンガルの人はむかつく。

ここで誤解しないでほしい。二つ以上の言語を話す全ての人を指しているわけではない。黒田先生が少し触れた、「バイリンガルはカッコいい」と勘違いしている人だけだ。近くのインターナショナルスクールに通う人たちとか、他人の都合で外国に行ったのに偉そうな顔をする人たち。

もちろん二つの言語を話すこと自体はすばらしいことだ。みんな二つの言語が話せたら、何と素敵な世界になるだろうか。でも、そうやって言語を特権として使う人は、どうも認めがたい。

＊確かに、外国語が話せることを鼻にかけ、公衆の面前でわざと大声で話している人はいる。こういう行動も、バイリンガルに対してある種の紋切り型のイメージを作ってしまう。

よくバイリンガルということばを聞く。定義としては二重（多重）言語使用だが、ある言語がどのくらいできればバイリンガルといえるのかと、考えたことがある。わたしは母語のシンハラ語と、第二言語として英語・日本語・ヒンディー語・タミル語を話せるが、何の不自由もなく使える言語は、母語に日本語、英語で、ヒンディー語やタミル語は日常会話くらい。この五つの言語をできるっていっていいのか、いつも迷う。それを克服するために、今、ヒンディー語の授業を履修し、タミル語は自習している。

＊どんな外国語も勉強しなければできない。これを書いたスリランカの留学生はそれが体験からよく分

かっている。さらには、勉強すればバイリンガル以上の多言語使用者になれることも信じている。外国語学習者を励ます意見ではないだろうか。

第二言語をどの程度しゃべったら「バイリンガル」になるのでしょうか。日常会話ができたら？　新聞が読めたら？　それとも○○語検定の一級を取ったら？

いまいちしっくりくるものがありません。母語話者と同程度その言語が使えればいいのではないかと僕は考えました。しかし世界には、母語として使っている言語を話すことはできても、読み書きすることができない人がたくさんいます。そうなると、識字率の低い言語を第二言語として学ぶ場合、母語話者と同程度に、とりあえず会話だけできればバイリンガルってことになってしまいます。でも、やっぱりそれは違いますよね。やはり最低でも読み書きができ日常会話ができるくらいじゃないと、バイリンガルとは呼べませんよね。だからときには母語話者よりも高い言語能力がバイリンガルには求められることもあります。それってなんだか不思議なことだなーと感じました。

＊これはおもしろい指摘だ。「読み書きはできないけれどバイリンガル」というパターンがあることは、つい忘れてしまいそうになる。これに加えて、バイリンガルにはふつうの母語話者よりも高いレベルが期待されることも、確かにある。バイリンガルを取り巻く環境について、世間のイメージは狭く固定化されているのかもしれない。

大学で日本語教育の講義を受けるまでは、二種類の言語を会話に困らない程度に話せる人は皆「バイリンガル」なのだと認識していました。そのため、「セミリンガル」という定義を知ったとき、驚くと同時に、複数の言語が飛び交う環境が必ずしも憧れにはならないとはじめて気付いたのを覚えています。二種類の言語で話せても、語彙が少なかったり、書きことばは苦手だったり、TPOに合わせたことば遣いができなかったりと、「バイ」ではなく「セミ」であった場合、本人がそのまま大人になってしまえば、コミュニケーションに支障をきたすことは避けられないのです。おそらく、英才教育としてバイリンガルの子どもにしたいと子育てする親も最近は多いと思いますが、幼い頃から複数の言語に触れてさえいればいい、というような安易な考えでは「セミリンガル」で育ち、本人が後々苦労する結果になりかねません。バイリンガルに憧れる前に、一つの言語でも社会で充分にコミュニケーションがとれるだけの能力を身につけていることは、すばらしいことなのだと今では感じています。

＊複数の言語を完全に併用しているように見えながら、実際にはどちらの言語能力も自分の考えを表わすのに不充分な人がいることは、だいぶ指摘されるようになった。深く考えずにバイリンガルに憧れる人への警鐘でもある。しかしながら、それでも子どもをバイリンガルにしたがる親は、一向に減らない。子どもの言語能力のためには支出を惜しまない人はいくらでもいる。こうなると、単なる憧れを越えて、欲望に近いものすら感じる。

僕の先輩で韓国人と日本人のハーフの人がいます。その人は韓国語が最初からペラペラだったのに、この大学の朝鮮語専攻に入ったという結構ふざけた人だったのですが、「頭の中どうなっているんですか」という質問に、「日本語と韓国語が入り乱れている。ひとり言もどっちでもできる」といってて、「うわ、やっぱり帰国子女とかハーフとかっていいっすねー」なんて軽くいっちゃったら「いや、でもどっちもネイティブには勝てないよ。日々劣等感を感じてるよ」と寂しそうに答えました。やはり生まれつきそういう環境にあったとしても、結局、語学は努力しないとダメってことなんだと、しみじみ感じました。ちなみに「先輩のアイデンティティーは日本人ですか、韓国人ですか」って聞いたら、「どっちにもないよ。どっちに住んでも疎外感を感じるよ」と寂しそうに答えていました。彼とは今、音信不通です。

＊「セミリンガル」の具体例。こういう話を本人から直接に聞けば、やはりいろいろと考えるキッカケになるかもしれない。

この夏、ニューヨークへ二週間の語学留学に行く機会がありました。一人で申し込み、滞在方法もホームステイを選び、また留学先の語学学校でもテストの結果、夏休みピークにも関わらず日本人が誰もいないというクラスに配属され、文字通り「英語漬け」の日々を送ることになったのですが、三日目くらいからだんだん自分の中に不思議な現象が起こり始めました。周りが英語ばかりで夢も英語で見るようになり、思考も英語が先に出るようになったのです。さらには他のクラスでできた日本人の友だちに突然「おはよう」などと話しかけられると、頭のモードが切り替わらず、しどろもどろで変な日本語を話していました。しかし現地でしばらく日本人と過ごしていると、街中で人にぶつかったときも、Sorry が出てこないで「すみません」といってしまうのです。つまり私の中で、英語と日本語が二つ同時に存在することは難しく、完全に頭が切り替わってしまうようでした。

＊経験のない人には信じられないかもしれないが、このような現象は決して珍しくない。しかも外国語能力がある程度にまで達すれば、簡単に実現する。

これを指摘した受講生の優れているところは「私の中で、英語と日本語が二つ同時に存在することが難しい」ことをしっかりと認識している点だ。一つの言語を使いこなすだけでも充分にタイヘンなのに、さらに複数の言語を駆使して、場合によってはその橋渡しをすることは本当に難しい。だが、通訳をはじめとした言語に関係する職業では、それが求められているのである。

バイリンガルは定義があいまいなため、いろんな見方ができてしまう。成長後に自らの意思で学んだ言語能力だって、充分にバイリンガルなのではないか。

ところが、憧れる人ほど「生まれついての環境」に基づいた、狭義でのバイリンガルしか認めないような気がする。

さらに不思議なのは、自分は複数の言語ができるわけではないのに、人の能力についてバイリンガルかどうかという判断を下す人が多いことである。どうして分かるのだろうか。

バイリンガルについては、もっと冷静になる必要がある。受講生は外国語学習を通して、落ち着いた見方ができるようになった人が多いようだ。

コーヒーブレイク

6

本について、バイリンガルといえば最近は対訳本のことを指すらしい。

対訳本だったら昔からある。それを使って外国語を勉強した人もたくさんいることだろう。だが英語と、それに対応する日本語がただ並べて印刷されていても、比べながら読み進めることは、それほど簡単ではない。二つの言語の構造があまりにも異なるため、一見しただけでは何が何だか分からない。

最近、チェコから本を取り寄せた。ヨジャ・トウツォヴァー・メテレロヴァー『わたしの物語よ』には十二の短い物語が収録されているが、全編に渡ってチェコ語とスロヴァキア語の対訳、つまりバイリンガルとなっている。この二つの言語は、日本語の東京方言と大阪方言にたとえられるくらい近いから、そのテキストを眺めているだけで違いが浮かび上がってくる。「目のバイリンガル」が満喫できる。

さらに楽しみなのが付属のＣＤ２枚組で、１枚はチェコ語（次ページ上）、もう１枚はスロヴァキア語（同下）が吹き込まれている。「耳のバイリンガル」まで楽しめるのである。

Pohádečko moje
Joža Toucová Mettlerová

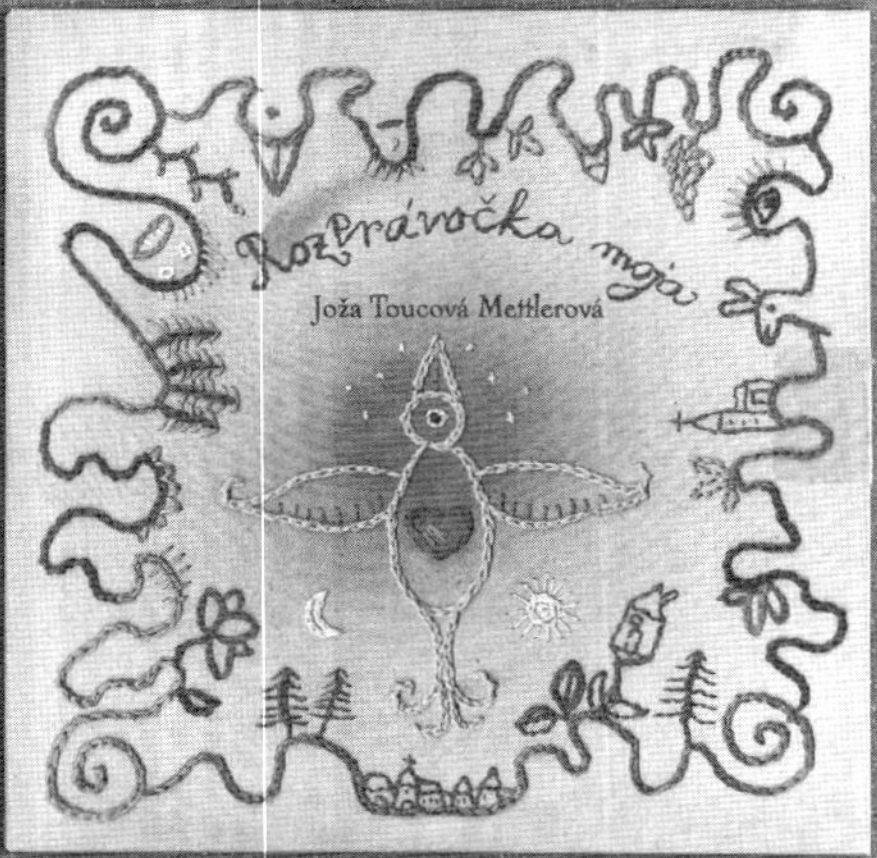
Rozprávočka moja
Joža Toucová Mettlerová

7
ピジン・クレオールは変化の最前線

その場しのぎのコミュニケーション

前の章では言語の接触について述べた。複数の言語が交流するようになると、基層や上層のような「上下関係」が生まれることがある。そうなればゆくゆくは一方がもう一方を呑みこみ、呑みこまれたほうは多少の痕跡を残すだけで、消滅してしまう。

あるいは、支配者が被支配者に対して、自らの言語を一方的に押し付ける。その言語に「威信」を持たせ、できたほうが有利である社会を作る。そうすれば、被支配者は自らの言語を捨てて、新たな言語へと切り替える。

しかし、そうばかりとも限らない。一方的に押し付けるのではなく、お互いに歩み寄って、なんとかコミュニケーションをとろうとする関係だってある。たとえ支配・被支配という関係でも、自分のいいたいことを伝えるために努力するのは、自然なことではないか。

異なる言語を話す者同士がコミュニケーションするには、どうしたらいいか。

どちらかが相手の言語を身につける。

あるいは両方がどちらの母語でもない第三の言語を学ぶ。

だが、それだけではない。両者が新しいことばを作るという方法だって考えられる。

ここでピジンの登場である。

ピジンとは、接触する複数の言語のそれぞれから語彙や文法を採り入れて、ことばが通じない人たちの間でコミュニケーションをとるために作られる、一種の「共通語」である。その際、一部分はある言語に近く、別の部分はほかの言語に近いというようなことが起きる。

「ピジン」の語源には諸説ある。もっともよく耳にするのが、英語の business を中国風に発音したという説。一七世紀中頃、中国人とヨーロッパ人との間で商取引がおこなわれるときに使われた business English が始まりであるという。

だが、これで決定というわけではないらしい。他にも、ポルトガル語のocupação「商売、仕事、職業」から、pequeno「小さい、子孫」から、または南米先住民の言語の -pidian（=people）から、さらにはヘブライ語の pidjom「物々交換する」からなど、いろんな説がある。

とはいえ、語源はこの際どうでもいい。大切なのはその概念。

ピジンが生まれるのは、必要に迫られたときである。とにかくその場がしのげればいい。この精神が大切なのだ。発音とか文法とか、細かいことにこだわっている場合ではない。

ただし、ピジンにだって文法はある。そもそも、文法のない言語など存在しない。だが、その文法は基礎となる言語よりもずっと簡略化される。

さらに、ピジンは一般に語彙数が少ない。その代わり、一つの語に多くの意味や機能を持たせる。これを駆使することによって、さまざまな事柄を表現するわけである。

ピジンは具体的な言語名ではない。ときどき「トク・ピシン語」という言語のことだけを指すかのような記述があるが、正確ではない。「トク・ピシン語」については、あとで詳しく紹介する。

韓国バンブー英語

こんな感じで、ピジンについて抽象的に説明したとしても、なかなか理解できるものではない。それよりも、具体的な例を見たほうがずっと分かりやすい。

『入門ことばの科学』には、アメリカの言語学研究雑誌から次のような例が引用されていた。

Taksan years ago, skoshi Cinderella-san lived in hootchie with sisters, poor little Cinderella-san ketchee no fun, have no social life. Always washee-washee, scrubee-scrubee, make chop-chop.

このピジンには「韓国バンブー英語 Korean Bamboo English」という名称がつけられている。これは一九五〇年代の朝鮮戦争の頃アメリカ兵と韓国人の間で使われたという。ちなみに、ここに挙がっている例は、アメリカ兵が語ったものである。

内容は、すでに想像がついている方もいると思うが「シンデレラ物語」だ。それを頭の片隅に置いて、もう一度読み返してみれば、はじめより分かりやすいかもしれない。それにしても、朝鮮戦争の頃にアメリカ兵と韓国人の間で、どうして「シンデレラ物語」が語られたのか、そしてそれがどうして記録されたのか、いろいろ不思議である。

この例を見れば、全体的には英語が基盤になっていることが分かる。語順はＳＶＯであり、前置詞も使われている。years や sisters では、複数を示す s がきちんとついている。

だが、語彙は韓国語というより、日本語がたくさん混ざっているところが注目である。つまり、アメリカ人が韓国人相手に日本語を混ぜたピジンを使っているわけだ。解説には、このアメリカ兵は日本に滞在した経験があるらしいことが指摘されている。

だが、日本語を知っているのは語り手だけではないはずだ。この話を聴いている韓国人もまた、日本語の語彙が分かることが前提でなければおかしい。そうでないと、わざわざ日本語を混ぜる意味がない。それにしても、アメリカ人と韓国人が日本語混じりのピジンを使っているとは、なんともユニークな光景である。

なかには分かりにくい語彙もある。

hootchie は「うち」つまり「家」のことであろう。

ketchee は catch、washee は wash、scrubee は scrub だから「ゴシゴシこする」という意味らしい。それを繰り返しているのは、その動作の反復を表わすためである。chop-chop「切り刻む」も同じ。

Cinderella に san がついているのも面白い。もちろん、日本語の「さん」であり、名前に付ける敬称である。ついでだが、ロシア人の間では日本人の名前に「さん」を付けることが広く知られている。ちょっと日本のことを知っている人は、みんな「クロダサーン」と呼ぶ。とはいえ、ある人は山にも敬意を払うから「フジサーン」というと信じていたので、訂正してあげた。

そのCinderella-sanにskoshiが付いている。これは「小さい」「幼い」というつもりなのであろう。きっと「少ない」という意味もあるはずだ。少ない語彙に多くの意味を持たせている例に違いない。不思議なピジンだ。アメリカ人ならふつうの英語でこれを語ることも充分できるはずである。それなのにわざわざ、こういう風変わりなことば遣いをする。これはひとえに、相手に分かってもらうためではないか。人はこんなにも、コミュニケーションに対する意欲が強い。

母語となったピジン

このように、ピジンは基本的にその場しのぎの即席なものである。アメリカ兵が韓国人に「シンデレラ物語」を話して聞かせ、みんながウケてくれれば、それで満足、それでおしまい。そういうものだろう。たまたま書き留められたので、今日まで伝わることになったが、ふつうは消えてしまえばそれっきりである。

だが、これが長く使われることもある。

はじめはその場しのぎにすぎなかったピジンのはずなのに、いつしかこれが共通語として、だんだんと定着していく。長期間にわたって絶えず接触していけば、そのピジンは社会全体で共有されることにもなりうる。

社会全体で使っていれば、ついにはその混成言語しか使わない子どもだって現われる。子どもがみんなの使っていることばを身につけるのは、自然なことである。

このように、ピジンが母語の状態になったものを、クレオールという。

クレオールには他に「クリオール」という表記もあるが、本書ではクレオールで統一していく。

クレオールの語源については、ポルトガル語の crioulo、あるいはスペイン語の criollo、つまりどちらも古くは「乳を飲ませる、生む、育てる」という意味の語からという説がある。ラテン語の creare と関係があるらしい。

クレオールは言語名ではない。ときどき「ハイチ・クレオール語」だけのことを指すような記述があるが、正確ではない。「ハイチ・クレオール語」については、あとで詳しく紹介する。

ピジンからクレオールへの道にもいろいろある。いくつかのピジンが一つのクレオールにまとまることもあれば、一つのピジンから複数のクレオールに分かれていくこともある。もちろん、すべてのピジンがクレオールになるわけではない。

クレオールはピジンに比べて、使用目的が広がる。なんといっても、母語になっているのだ。その分、語彙も豊富になり、文法だって複雑になる。もはや「その場しのぎ」ではない。

トク・ピシン語

繰り返すが、ピジンもクレオールも言語名ではない。言語の、ある状態を表わしているにすぎない。だが、言語名の中にピジンやクレオールが含まれているものもある。

たとえばトク・ピシン語。「ピジン」ではなくて「ピシン」であることに注意。はじめの「トク」はtalkが起源だという。

トク・ピシン語は、パプアニューギニアで総人口の約三〇パーセントにあたる一〇〇万人によって使われる共通語である。公用語は英語なのだが、このトク・ピシン語は議会、政府の機関誌、ラジオ放送などで広く使われている。名称こそ「ピシン」だが、これはまぎれもなくクレオールである。

トク・ピシン語が形成される経緯については、諸説があるようだ。その中で注目されているのは、一九一〇年代初頭にサモアのプランテーションで働いていたニューギニア人が持ち帰った言語が、もとになっているという説である。本国に戻った彼らは、広い社会の豊富な経験の持ち主として村人から尊敬された。さらに七〇〇以上の多言語社会において、威信を持つ言語としての地位を確立するに至ったのである。

同じく『入門ことばの科学』より、トク・ピシン語の例を挙げる。まったく、この章は『入門ことばの科学』からの引用が多すぎる。だが『入門ことばの科学』は、ふつうの言語学概説書よりもピジン・クレオールに割くページが多く、非常に参考になるのだ。本当にありがとうございます。

A——E, wantok, yu go we?
B——Mi go long Boroko.
A——Bilong wanem?
B——Mi go bilong kisim mani long beng.

トク・ピシン語は英語が基盤である。したがってgoは「行く」だ。しかしよく分からない語彙も多い。weとかlongなどもあるけれど、これらは英単語の知識で考えても分からない。
一文ずつ確認していこう。

A――E, wantok, yu go we?
はじめのEは、英語のHiに相当する。つまり呼びかけの表現だ。いわれてみれば分かる気もするが、知らないとここからつまずいてしまう。wantokは「友だち」のこと。これはone talk、つまり「同じ言語を話す人」というところから来ている。なるほど、ことばが通じるのが友だちなのだ。yuがyouであることは想像つくかもしれないが、weがwhereというのはかなり難しい。全体で「やあ、友だち、どこ行くの?」

B――Mi go long Boroko.
Miは「わたし」のことで、meから来ている。longはいろんな機能を持つ前置詞で、alongが起源らしい。ここでは「~へ」である。Borokoは地名。「わたしはボロコへ行くんだよ」

A――Bilong wanem?
これはまとめて「どうして?」という意味である。Bilongは英語のofに相当するのだが、ここでは理由を示している。wanem は what name から。「どのような名前によって」が「どうして」になるわけだ。

B――Mi go bilong kisim mani long beng.

Mi と go と bilong と long はすでに出てきた。kisim は「受け取る」ということで、catch'em から来ている。最後の beng が bank のことだとすれば、mani は money であることが想像つくのではないか。「お金を受け取るために銀行へ行くんだよ」

まるでパズルである。だからこそ、ハマるとやめられなくなる。

日本でもトク・ピシン語の入門書が出版されている。岡村徹『はじめてのピジン語～パプアニューギニアのことば～』（三修社）はタイトルこそ「ピジン語」となっているものの、トク・ピシン語について手軽に読める一冊である。例文が豊富で、また「生活知識」として現地の言語外現実も紹介されている。惜しむらくは文字と発音の説明がまったくなく、ＣＤなどの音もついていない。したがって、これを使ってトク・ピシン語を最初から学習することはほぼ不可能である。むしろ例文を眺めながら、あれこれ推理するほうが楽しいかもしれない。

ハイチ・クレオール語

もう一つ、クレオールを紹介しよう。今度は英語ではなく、フランス語基盤のクレオールだ。

ハイチ・クレオール語はカリブ海のハイチ共和国で話されている。ハイチ共和国といえば、一八〇四年に独立した世界最初の黒人国家。ここでフランス語を基盤としたクレオールが話されているのである。この地におけるクレオールは、非常に安定しており、また話者数も多いという。

このようなカリブ海のフランス語基盤のクレオールについて知るには、西成彦『クレオール事始』(紀伊國屋書店)がなんといってもいい。これは著者がさまざまな媒体で発表したクレオール関係のエッセイを一冊にまとめたものだが、随所に発音や文法の説明、さらには練習問題まである。とはいえ、本書はもちろん語学書ではなく、その記述も多分に文学的である。

ただし本書で紹介しているのは、正確にはハイチ・クレオール語ではなくて、カリブ海地域のフランス語語彙系クレオールというべきものである。一つのまとまりをなすものではなく、正書法もまちまち。そのため、著者は自分流に「基準」を設けてまとめている。一つの見識である。

著者がまとめる「クレオールの三大特徴」(おお、発想が白水社の「言葉のしくみシリーズ」と同じだ!)が非常に興味深い。

①動詞の無変化―― rete, pati, le, pale など動詞はいかなる場合にも、このままの形であらわれる。英語から過去形・過去分詞形をすら取り去ったと考えればいい。

②「r」の脱落―― partir (出発する) が pati になっているところに典型的にあらわれている。フランス語の parler「話す」が pale であるところも同じ。

③発音しない音の無表記――これは御覧の通り、徹底している。フランス語にはどれだけ発音しない文

字が含まれているかを知っていただくために、発音しないもの及び弱母音を外して、強く発音する文字にだけ下線を施しておいた。（二七ページ）

こうして、そのあとに例として詩の引用が挙がっている。興味のある方は是非とも実際に読んでほしい。比較文学者が書いたものなので、言語学的なまとめ方とはだいぶ違うが、言語文化を情熱的に語っている点で、なんとも魅力的な作品である。とくに、少しでもフランス語に触れたことのある人だったら、絶対に面白く感じるはずだと確信している。

ピジン・クレオールの言語的特徴

このように、ピジンやクレオールといってもさまざまである。

では、このピジンやクレオールに、なにか共通する傾向はあるのだろうか。

まず、すでに指摘したように、基盤となる言語に比べて単純化されている。だが、それはそれで独自の体系を築いていることを忘れてはならない。

再びトク・ピシン語を例に考えてみる。

発音については、英語の paper がトク・ピシン語の pepa のように、二重母音や長母音が短く単音化する。また、英語の hand が han となるように、語末音の省略も見られる。これは単純化だ。

一方、語彙は個々の語の意味範囲が広くなる。さきほどの han は hand のほかに arm, sleeve, branch といった意味を持つ。

しかも複合語を形成することで、さらに表現が広がる。

hausはhouse つまり「家」だが、そこからできた複合語 haus pepa「紙の家」が「オフィス」のことだという。haus sik（<sick）が「病院」というのは想像つく気がするが、haus dring（<drink）が「ホテル」だなんて、知らなければまず分からない。わたしは「呑み屋」かと勘違いした。ちっとも単純に思えない。

文法についても、英語やフランス語にあるような時制、法、相、人称、性、数による形態の変化は、ほとんどしない。そのため、単純であると考えている研究者もいるらしい。しかし一概にそうともいえないのではないか。

さきほどの『はじめてのピジン語』の「構文解説」を眺めていたら、おもしろい説明を見つけた。トク・ピシン語では三人称に限り「主語と述語の間に、述語辞iと呼ばれる文法要素を使わないといけません」（三七ページ）というのだ。つまり、「わたしは心配している」は Mi wari. であり、「君は心配している」は Yu wari. なのだが、「彼は心配している」は Em i wari. のように、主語 em と述語 wari の間にiが入るのである。これはメラネシアの諸言語の影響らしいが、結果的に元の英語より複雑になっている。ただし em は「彼」と「彼女」の両方を表わすというのだから、こちらは単純化である。

こんな感じで、いろいろな要素があって一筋縄ではいかないところが、クレオールの魅力なのかもしれない。

クレオールの評価

このように、クレオールは言語接触の結果として新しく生まれた言語ということができる。ことばの変化として、これは非常におもしろい。

だが、クレオールが形成されるまでには、その歴史的背景のため、長年「崩れた」「堕落した」「下品な」ことばという評価を受けてきた。「正しい」「純粋な」言語を好む人たちにとって、クレオールはむしろ撲滅の対象なのかもしれない。

だが、今では有力言語となっているが、かつてはクレオールだったという例もある。

たとえばスワヒリ語。タンザニア、ケニア、ウガンダなど、東アフリカで広く話されるこの言語は、日本でも意外なほど有名である。アフリカといえばスワヒリ語というくらい、イメージとして定着しているようだ。もちろん、アフリカ大陸全体をカバーするわけではない。

そのスワヒリ語は、八世紀の東アフリカで、アラビア語を話す商人と、バンツー諸語の話者との接触により生まれた言語であるという。つまり、クレオールなのだ。

さらにはフランス語もクレオールだという考え方がある。すでに紹介したように、フランス語は、ガリア語の上にラテン語が乗っかるようにして形成された。ガリア語とラテン語の間には「上下関係」ができて、ガリア語はラテン語に呑みこまれてしまう形になったが、一部にはガリア語の痕跡も残っているし、複数の言語が接触して新しい言語が出来たことには違いない。それならクレオールではないか、というわけだ。

言語接触によって生まれたフランス語に対して、「崩れた」「堕落した」「下品な」という意見は聞かない。そう、フランス語は崩れていないし、堕落してもいないし、下品でもない。同様にスワヒリ語だって、トク・ピシン語だって、そうである。

言語はそれを使っている人にとって、かけがえのないものである。それに対して「崩れた」「堕落した」「下品な」といった評価を下す、その心が怖ろしい。

クレオールだって変化する

その場しのぎだったピジンが、母語の役割も果たすクレオールとなる。まるで言語として格が上がったかのように見えるが、それは錯覚にすぎない。

そもそも、クレオールが話されている地域に、再び新たにまったく別の言語を話す人が登場すれば、そのクレオールがピジン化することもある。言語の変化に終わりはない。

新たな影響によって、つぎつぎと変わる。しまいには元の言語とは似ても似つかないものになる。そういうこともあるだろう。

だが、それだけではない。

あるクレオールが、その基盤となった言語の標準語から絶えず影響を受け続ける。その結果、元の標準語に近づいてしまうという逆転現象が起こる。これを「脱クレオール化」という。

先ほど紹介したハイチ・クレオール語は、標準フランス語に常に晒されているから、ある種の「揺り戻し」も起こる。他にも、ジャマイカ・クレオール語に対する英語もまた、同じであるという。

こうしてみると、クレオールにもいろんな状態がありそうだ。基盤となる言語、それに近いクレオール、中間的なクレオール、そして遠いクレオールと、連続するいろんな変種が存在するのである。それは虹のスペクトルのように、明確な境界線を引くことができない。

これはクレオールに限らないのかもしれない。言語とは、そういうものではないか。

このように、細かく見ていけばなかなか多様なピジン・クレオールなのだが、その特徴は広く同じような傾向を示している。たとえば音素数が少ない、疑問文と断定文が同じ語順でイントネーションにより区別する、be動詞がないといったことは、地域の範囲を超えて、多くのピジン・クレオールで見られる現象である。

だからこそ、ピジン・クレオールには未来があるように思える。複数の言語が接触するときに生じる単純化と複雑化、あるいは人の言語習得過程の解明など、ピジン・クレオールには言語研究の本質に迫る可能性があるのではないか。少なくとも、比較言語学だけを盲目的に信じて行き詰ってしまった言語の起源について、新たな角度から光を当てるものと期待される。

ピジン・クレオールに対する偏見は、すでに完全に過去のものである。万が一、いまだに偏見を持っている人がいるとすれば、その人は言語について何も語る資格がない。

スラヴのピジン・クレオール？

わたしはピジン・クレオール研究に多大な期待を寄せている。できれば自分でいろいろ調べたいくらいだ。

しかしピジンやクレオールが基盤とするのは、英語、フランス語、スペイン語、ポルトガル語などが主流であり、一部にはオランダ語などもあるようだが、少なくともわたしのようなスラヴ諸語に取り組んでいる者には、出る幕がない。

と思っていたら、ロレト・トッド『ピジン・クレオール入門』（大修館書店）の中で、次のような記述を見つけた。

ロシア人とノルウェー人の漁師の間の対話を容易にするための道具として、ピジンのルセノルスク語（Russenorsk）が、ロシア語とノルウェー語という二つの印欧語の接触によって生まれた。このピジンは、現在ほとんど消滅している。（一四ページ）

ルセノルスク語の特徴は、両者が社会的に同等の関係である点である。支配・被支配という関係が多いピジンの中では珍しい。

調べてみたのだが、このルセノルスク語の語彙はなかなか複雑で、ロシア語とノルウェー語のほかにも、サーミ語、フィンランド語、スウェーデン語、フランス語、オランダ語、英語があり、さらには国際的な船員用語まで見られるという。ただし、その半分近くはノルウェー語で、ロシア語のピジンというよりは、ノルウェー語あるいはスカンジナヴィア諸語ピジンといったほうが近いと指摘されている。なーんだ。

ほかにもカムチャッカ半島でロシア語のピジンが話されていたらしいとか、アラスカがロシア領だった頃には簡略化されたロシア語が話されていたとか、断片的な情報はあるのだが、どれも今では使われていないようだ。

やっぱりロシア語基盤のピジン・クレオールは、これから生まれるのを待つしかないのかなあ。

［課題］次の文は、この章でもすでに紹介したピジンによる物語の続きです。ヒントを参考にしながら訳し、言語的特徴で気づいたことを挙げてください。

One day Cinderella-san sisters ketchee post cardo from Seoul. Post cardo speakie so: one prince-san have big blowout, taksan kimchi, taksan beeru. Cinderella-san sisters taksan excited, make Cinderella-san police up clothes.

（注）blowout ドンチャン騒ぎパーティー、police=polish

『入門ことばの科学』からの引用。一部改編、省略している。

［ポイント］今度はピジンを自分で理解する練習である。はたしてどこまで分かるだろうか。

言語的特徴としては、次のようなものが挙がった。

・cardやbeer に o や u が加えられている。日本語的発音か。
・Cinderella-san sisters のように、所有格の 's が省略され、並べることによって表わしている。
・Cinderella-san のような固有名詞に限らず、prince-san のような一般名詞にも san をつけている。

・どの動詞も不定形のまま。とくに have は、三人称単数現在形にも、未来形にもなっていない。
・冠詞がない。
・taksan が形容詞としても（taksan kimchi）、副詞としても（taksan exited）使われている。

それにしても、ポストカードがソウルから届くのだから、ふつうの「シンデレラ物語」を変えていることが分かる。このような即興性が、ピジンらしい気もする。

だから、訳すといっても簡単にはいかない。わたしがもっとも悩むのは、kimchi だ。これはそのまま「キムチ」と訳すべきか、それとももう少し広い意味で「食べ物」としたほうがいいのか。わたし自身はキムチが好きなのだが、それとビールだけの大パーティーというのも、ちょっとなあ……。

わたしは想像する。ピジンというのは、コミュニケーションの必要だけでなく、歩み寄りの姿勢が作り上げるものではなかろうか。taksan や skoshi や hootchie を、それぞれ英語にしたところで、まったく難しくない。それをわざわざ別の単語に置き換えるのは、「あなたに合わせているのですよ。お互いに協力してコミュニケーションをしましょうね」という気持ちの表われのように思えてしかたがない。あるいは「わたしだってあなたの知っている単語を共有しているんですよ」とアピールしたいのか。

いずれにせよ、ここにコミュニケーションの本質があるような気がする。

コーヒーブレイク ❼

元来食いしん坊であるわたしは、グルメ本なんかも買って読んだりするのである。見ている分には、カロリーが摂取されない。

『うまい洋食の店 首都圏版』（ぴあMOOK）を眺めていたら、台東区の洋食店「アリゾナキッチン」の「チキン＆レバークレオール」という料理が紹介されていた。写真に添えられたキャプションによれば、鶏肉とレバーをデミグラスソースで煮込んだものと解説されている。一般にクレオール料理といえば、アメリカ・ルイジアナ地方色の濃い南部の料理とされる。アリゾナ州も南西部だから、それほど離れていない。

さらに注目なのは、この「チキン＆レバークレオール」を好んで食べていたというのが、作家の永井荷風だということだ。彼の『断腸亭日乗』にも記述があるというので、確認してみた。昭和二四年から二六年にかけて、確かに「アリゾナ」が頻出するのだが、クレオール料理については、残念ながら見つけることができなかった。

それでも、言語としてのクレオールだけでなく、料理としてのクレオールにも俄然興味が出てきた。カロリーを恐れずに、近いうちに試しに行こうと思っていたら、「アリゾナキッチン」は閉店してしまった。

ぴあMOOK
首都圏版
うまい洋食の店
わが町の洋食屋◎洋食ココカラ物語◎百年の老舗
オムライス◎ハンバーグ◎ハヤシライス◎カツカレー
ビーフシチュー◎エビフライ◎ナポリタンetc.
安くてうまい!
洋食
ランチマップ
懐かしくて
おいしい
昭和の味。

8

ことばの違いを地図上に表わす

地図を使った言語学

言語地理学は、地理学ではなくて言語学の一分野である。だったら「地理言語学」となりそうなもので、調べてみたらそのように表現する研究者もいるらしい。しかし一般には「言語地理学」ということになっている。英語でも linguistic geography だ。他にも「方言地理学」とか「空間言語学」などの名称もあるという。これがまた、人によって微妙に異なる位置づけをしていたりするので、けっこうややこしい。ここでは「言語地理学」に統一したい。

さて、言語地理学では地図が大切である。地図の上には言語現象の地域差を表わす。言語現象とは、音韻とか、語彙とか、あるいは文法のことである。そういう言語現象について、テーマごとに差異が示された地図を作成する。だが、作成して終わりではない。そこから現在の分布状態を把握し、言語の変遷に関する現象も読み解いていくのが、言語地理学なのである。

変遷ということは、言語地理学は言語の歴史にも当然ながら関係してくることになる。言語の変化を考えるに当たっては、欠かせない分野である。

言語地理学は、フランスとドイツで始まっている。どちらが先かといえば、ドイツのヴェンカーという人がドイツ語の方言研究で地図を用いたほうが早かったという。一方、フランスのジリエロンは、解釈を与えるという点において影響が大きかったので、こちらが創始者であるという見方もある。まあ、どっちが先でもいいのだが。

大切なのは言語地理学により、同音衝突や語形の補強、あるいは民間語源といった、従来の音韻法則だけでは説明できない、さまざま現象が解釈できるようになったことである。このことについては、後でひとつひとつ取り上げていこう。

言語地図

地理といえば地図が欠かせない。

わたしが中学一年生のときの担任は、地理の教師だった。これが短気な小男で、何かというと禿げた頭に湯気を昇らせて怒鳴るので、みんな嫌っていた。

その教師は異常なほど白地図にこだわった。白地図の提出が遅れたり、塗り方が汚かったりすると、これまた烈火のごとく怒り狂うのである。おかげで、わたしは白地図が嫌いになった。本来は地図に色を塗って見やすくするような作業は好きなのだが、あの禿げ頭に湯気を思い出すと、いまでも気分が悪くなる。

言語地理学でも地図は欠かせない。言語現象の地理的分布を地図上に表わしたものを「言語地図」という。何かのテーマにそって集めたデータを、地図の中に書き込んでいく。方言が対象になることが多いので、「方言地図」ともいう。

はじまりは、やはりドイツやフランスなのだが、日本にだって言語地図は当然ながら存在する。国立国語研究所がまとめた『日本言語地図』全六巻(一九六六―一九七四)は、日本の言語地理学の総まとめといえるかもしれない。

もうすこし簡単なものとしては、佐藤亮一『お国ことばを知る 方言の地図帳』(小学館)がある。これは非常におもしろい。ある語彙の地域的変種について、左ページには解説がなされ、右ページには日本列島の地図にその分布が示されている(一部では一ページ内で説明と地図の両方を挙げてある)。ただし、白地図のように色分けするのではない。小さな記号、たとえば○とか●とか□といったものが、地図の上に散りばめられており、そのひとつひとつがその地域でのいい方になっている。こうすれば、白黒でも充分に分かるわけだ。

このような地図を作るのは、かつては手作業だったようだ。ゴム印を使ったこともあったようだが、細かいシールを貼っていくこともある。

まだ大学に勤めていた頃のある日、隣の研究室に用事があって顔を出したら、その先生はまさに言語地図を作っている真っ最中であった。机の上には小さな記号の印刷された破片が散乱し、これを地図の上にひとつひとつ貼っているのである。もしこの場でクシャミをしたら、この先生は一生口を利いてくれないだろう。わたしは思わず息を殺した。

現在ではコンピュータもあることだし、だいぶ違うのではないかと想像するのだが。

「ものもらい」の言語地図

言語地図を作成するに当たっては、いろいろな語彙や、場合によっては音韻が、その対象となる。

わたしにとって興味深いのは「ものもらい」に関する分布である。さきほどの『お国ことばを知る方言の地図帳』では、六〇～六一ページで紹介されている。

「ものもらい」は「麦粒種《ばくりゅうしゅ》」ともいう。まぶたのへりにできる小さなオデキのことで、わたしが小さい頃にはなぜかこれがしょっちゅうできてしまった。そのたびに親にいわれて近くの眼科に行くのだが、これがまた近所で評判の藪医者で……。どうもこの章は、子供の頃のトラウマと結びついていけない。やめよう。

麦粒種は、放っておいても時間がたてば治ってしまうような、些細な皮膚の病気なのに、日本全国でそのいい方がバリエーションに富んでいる。

語彙を調査するときには、注意が必要である。麦粒種という医学用語を聞いても、一般の人は分からない。だからといって「モノモライのことを何といいますか」のような質問では、誘導になってしまう。「まぶたのへりにできる小さなオデキ」のようにいい換えたり、場合によっては絵や写真を見せながら、上手に聴き出していった結果を、地図に表わしていく。

この言語地図を見ると、わたしが生まれ育った東京や、周辺の千葉、神奈川には、●の記号が分布していた。左に挙がった一覧表によれば、これは「モノモライ」という地域であることが分かる。というか、わたしは「モノモライ」以外の表現があることを、想像すらしていなかった。

ところが埼玉西部から栃木、群馬では、この「モノモライ」のほかに「メカ（イ）ゴ」を示す別の記号が広がる。ほかにも「メシモライ」「メバチコ、デバツコ」「メボ、メイボ、メンボ」など、さまざまな変種がある。この多様さが面白くて、わたしは言語学の授業でよくこの地図を紹介した。

すると驚いたことに、これが受講生たちの出身地の語彙とよく一致するのである。多くの学生が「わたしの地方のいい方も、この言語地図にある通りです」と教えてくれる。情報の時代となり、方言は共通語に押されて衰退の一途をたどるようなイメージが強いが、この麦粒種については、今でもバリエーションが地域ごとに受け継がれているようなのである。

どうして「モノモライ」というのか。

説明によれば、このオデキは他人から何か品物をもらうと治るという俗信があり、それが「モノモライ」の由来らしい。ただしわたしは、この治療のために何かをもらった記憶がない。

「メコジキ」といういい方もあり、これは「乞食」から来ている。ほかにも「ホイト」（＜陪堂）、「カンジン」（＜勧進）など、仏教用語が乞食を意味する方言に転じたものだという。いずれにせよ、品物をもらうことに関係している。

俗信はほかにもあり、「メカ（イ）ゴ」は「ざる」と関係があって、これを被るとモノモライができるなどといった言い伝えによるそうだ。

また宮城で「バカ」、九州で広く分布する「インノクソ」（＜犬の糞）は、わざと汚いことばを使って遠ざけようとするタブーが働いていると考える。反対に「オヒメサン」のようないい方があるのは、「インノクソ」とは逆に美化したものだという。

このように、モノモライだけでこれほどいろいろな話題があるのである。しかもその解釈には、言語学の知識が詰まっている。

言語地図はこんなにも面白い。白地図を嫌っていた、中学時代の自分に教えてやりたい気分だ。

言語を分ける線

言語地図は小さな記号を用いて違いを示すものが多いが、それだけではない。なかには記号を書き込むのではなく、線を引いて地域ごとの言語的特徴を表わすことがある。このような線を「等語線」という。

たとえばドイツ語には、「土曜日」を表わす語が Samstag と Sonnabend の二種類がある。入門書、たとえば太田達也『ニューエクスプレス ドイツ語』（ご存じ、白水社）の一二二ページにある「単語力アップ」では、Samstag と Sonnabend の両方が挙がっていて、Sonnabend のほうに「ドイツ北部で」と書き添えられている。

でも、北部ってどこだろう。

そういうときにはドイツの言語地図を見れば、中部のバイロイト、フランクフルト、ケルンあたりのすぐ北をこの等語線が走っていて、これを境に南が Samstag で、北が Sonnabend に分かれていることが一目で分かる。やはり、百聞は一見に如かず、である。

だが言語の違いというものは、本来それほどはっきりと線引きができるものではない。いくら地図上にクッキリと等語線が引かれていたって、その境目はあいまいなはずだ。地図の表示は単純化されるため、ときには誤解をもたらす危険性もある。気をつけなければならない。

同じような理由で、わたしは日本の「県民性」というものをあまり信じていない。売っている食べ物や、学校で習う歌などには地域の特徴があるかもしれないが、人間の性格なんて、究極には一人一人違うのである。一定の傾向はあっても、それをあげつらうこともなかろう。それに、そのような分類そのものを嫌う人だっている。「あっ、○○県の出身ですか。あの県の人って××な性格ですよね」などと決めつけるのは、控えたいものである。

波紋が広がるように

言語地図を眺めていると、ときには不思議なことに気づく。

たとえば遠く離れた地域で、同じ語彙が使われているとき。日本語だったら、東北地方北部と九州地方南部で共通のいい方があったりする。これをどのように解釈したらいいのか。

言語地理学は、ただ地図の上にことばの変種を示すだけではない。その地図から読み取れる、さまざまな要因を考えることが大切である。

地図を読むときには、いくつか心得ておくべきことがある。

まず、地理的に遠いとか近いとかいうことが、必ずしも重要とは限らないこと。いくら近くても、山や川で遮られてしまえば、ことばは伝わりにくい。とはいえ、川や海は舟を使うことによって、むしろ行き来しやすくなると考えることもできる。ロシアのような寒い国では、冬に川が凍ればソリが使えるので、人や物の移送に便利だという。判断は慎重にしなければならない。

また、人の往来のような人為的な条件も考慮に入れる必要がある。いくら近くてもお互いに交流しなければ、言語的な影響も考えにくい。その反対に、遠くても積極的に交流する場合もある。

こういったさまざまな条件を念頭においたうえで、どうしてこういう分布になっているのか、あれこれ推理するのである。

言語地理学の長年の研究成果として、語彙や語法の分布にはいくつかの説がある。

有名なものの一つが波紋説だ。

湖や池などに小石を投げ入れれば、水面には石が落ちた場所を中心に波紋が広がっていく。その波紋は、端へ行けば行くほど、その力が弱まる。これと同様に、言語の変化も基点を中心として四方に広がっていくという説である。

この波紋説はドイツの印欧語学者ヨハネス・シュミットが一八七二年に提唱した。シュミットはシュライヒャーに師事して、はじめはスラヴ諸語とリトアニア語に取り組んだという。おお、親近感が湧く。だが生涯にわたって師匠に心酔していたわけでなく、むしろこの波紋説によって、シュライヒャーの系統樹を批判しているのである。その結果、比較言語学の成果の一部を修正するほどなのだ。

ただし、その波紋説も万能ではない。

石を投げ入れてできた波紋でも、なんらかの障害物、たとえば植物や岩などがあれば、きれいな同心円を描くことはできない。言語の場合も同様に、山や川、あるいは国境などといった障害物にぶつかると、そこでとまってしまう可能性がある。言語変化の伝播には、さまざまな要因が関係してくる。いつでも規則正しい等語線が描けるとは限らない。

それでも波紋説は画期的だし、話も面白い。

デンデン、ムシムシ

この波紋説は日本でも、民俗学者の柳田國男が『蝸牛考』（一九三〇年）の中で使っている。柳田は日本全国の「かたつむり」のいい方を、ナメクジ系、ツブリ系、カタツムリ系、マイマイ系、デデムシ系に分類した。その分布を北から並べると、ナメクジ＝ツブリ＝カタツムリ＝マイマイ＝デデムシ＝マイマイ＝カタツムリ＝ツブリ＝ナメクジのように並んでいることが分かった。

なるほど、童謡に「デンデン、ムシムシ、カタツムリ〜」というのがあるが、あれは方言の変種を盛り込んでいたのか。

この変化の中心は京都である。この地でナメクジ⇓ツブリ⇓カタツムリ⇓マイマイ⇓デデムシの順で語彙が変わっていき、変わるたびに古いものは外側、日本列島の場合には東北と西南に向かって押し出されていったわけだ。

結果として、古語は辺境に残る。これが方言周圏論である。古語が辺境に残るということは、比較言語学でも大切な説である。文献が伝わっていない場合には、辺境の語彙や語法が古い時代の言語を探る参考になるかもしれない。

シュミットと柳田は同じ波紋説を唱えているが、興味深いことにその解釈は正反対だという。シュミットは波紋が周辺に広がる結果、その地にもともとあった語彙が失われていくことに注目した。このように、言語地図の解釈も一筋縄ではいかない。

そもそも、言語地図を解釈するときには、いろいろ気をつけなければならないことがある。データは聴き取り調査などを通して得る。そのデータ提供者たちは、いくら同じ地域で暮らしていても、世代や性別が違えば語彙が異なる可能性がある。一個人の場合でも、昔と今とでは違う語彙を使っていることも考えられる。

そのような雑多なデータをそのまま地図上に表わしても、全体がよく見通せない。だから地図を作成する段階から、解釈が加えられることが多い。改竄は困るけど、解釈のために必要な処理をすることは納得すべきであろう。

間違えるのが怖い！

言語地理学は、それまでの比較言語学では説明しきれない現象に対して、人間の言語行動や言語心理をもとに解釈することを試みてきた。その結果、いろいろなことが分かってきた。

たとえば「誤れる回帰」。なにやら小説のタイトルみたいだが、これは正しい語形に直そうするあまり、そのままでいいものまで結果的に誤った語形に変えてしまうことをいう。「誤れる回帰」というのはフランスの言語地理学で用いる術語で、英語圏では「過剰訂正（hyper-correction）」というのが一般的である。

このような現象は、日本語にだっていくらでもある。

たとえば「ジョーズイ」。九州の北部や西部で「上手な」のことを「ジョーズカ」といっていたのだが、共通語に合わせるとき、形容詞だけでなく形容動詞まで語尾をカからイに変えてしまい、結果として共通語にない語形ができてしまった。

あるいは「シズメ」。東北地方で「シ」と「ス」をどちらも「ス」と発音する話し手は、間違えないようにしようとするあまり「スズメ」まで「シズメ」になってしまう。

わたしはあるとき、古本屋で見た戦前の世界史の本で、驚くべき表記を見つけた。

「ヴァルカン」

怪獣の名前かと思った。BalkanはBなのだから「ヴァ」になることは考えられない。これも「誤れる回帰」の例である。

このような「誤れる回帰」は、現代でもある。

たとえば「飲める」といえばいいのに「飲めれる」という。あるいは「聞けれる」とか「読めれない」もある。いずれも「れ」が余計だ。これは「レタス（れ足す）ことば」という。

日本人の言語心理は、足りないよりも多いほうがマシだと感じているのか、ていねいに話そうとしてまどろっこしくなる例が最近目立つ。

わたしが気になるのは「終わらせてください」の代わりに「終わらさせてください」、「しゃべらせていただきます」の代わりに「しゃべらさせていただきます」というような「さ入れことば」である。どちらの例も「サ」が余計だ。五段活用の動詞の使役だったら「セル」が正しいのに、「サセル」を付けてしまうからこういうことになる。

ていねいに話すよう努めるのはいいけれど、「レタスことば」や「サ入れことば」は明らかにやり過ぎだ。わたしには鬱陶しくてたまらない。舌を嚙みそうないい方はやめて、もっとキッチリ物ごとをいってくれ〜と、短気な江戸っ子はいいたくなる。

しかしこれは、文法の誤りを指摘されることを人がいかに恐れているかという気持ちの表われなのである。「ことばがおかしい」といわれることは、非常につらい。だから指摘される前に、できるだけ直しておこうとする。

「誤れる回帰」は、このような誰もが持つ不安が引き起こすものなのではないだろうか。

みんなが好きな語源

いろいろな心理が作用して、言語において新しい形を作ってしまうのは、このような「誤れる回帰」に限らない。

たとえば、語源もそうである。

不思議なことに、みんな語源が大好きである。「この語はもともとこういうことに由来するんですよ」という話には、多くの人が興味を示す。《言語学とは語源を調べることである》と信じている人も少なくないので、言語学の授業ではまずこの誤解を解くところから始めなければならない。

あまりにも好きなせいか、その語源にまつわるエピソードを、専門家でもない人が勝手につくってしまうことさえある。

これを民間語源という。

民間語源は、ほかにも民衆語源、通俗語源、あるいは語源俗解などという。言語史の知識をもたない一般人が、語の由来を形や意味が似通っていることにかこつけて、通俗的な解釈をしてしまうことを指すのである。

「あかぎれ」は手足の皮膚が寒さなどで乾燥したため、ひび割れなどができる病気である。古くは「アカカリ」あるいは「アカガリ」といった。「ア」とは足のことである。ところがこの「アカガリ」を「アカ＋ガリ」と解釈して、そのために「アカ」は「赤」であるという民間語源が生まれてしまった。だが残った「ガリ」が意味不明だ。そこで「ガリ」の代わりに皮膚が切れているという理由で「キレ」を充て、その結果「アカギレ」になってしまったのである。

こうなってくると、民間語源自身が言語変化の要因となっているともいえる。

「いっしょうけんめい」にしてもそうである。もとは「一所懸命」といい、中世の武士が先祖伝来の土地を命がけで守ったからこのような表現が生まれた。しかしこの「命がけで守る」というところから、「命をかけて」さらには「一生をかけて」のように意味が転じ、その結果、今のように「一生懸命」となってしまったのである。

民間語源にはとくに悪気があるわけではない。ただ、人はなんらかの解釈がほしいものらしく、あれこれ理由をつけたがる。心霊現象にしても、コジツケのような解説をする人がいるではないか。そういう「解釈癖」のないわたしには、まったく理解できないのだが。

ただし「アカギレ」のような例は、日本語の音パターンとも関係している。つまり「アカギレ」のように四拍分の音があれば、それを二対二で分けるのが、日本語として落ち着くのだ。したがって本来の「ア＋カギレ」ではなく、「アカ＋ギレ」と解釈してしまう。

同じように「カババヤキ」も「カ（＝香）＋バヤキ（＝早き）」なのに「カバ（蒲）＋ヤキ（焼き）」としてしまう。「焼き」はいいけど、「蒲」って何？ その形が「蒲の穂」に似ているからという説もあるが、それは多分にコジツケだろう。

「しりつ」大学って？

言語が変化した結果として、同音異義語が生まれてしまうこともある。同音異義語というのは、どの言語にもあるもので、それほど珍しくはない。しかも、それでも誤解せずになんとかやっていける場合が多い。

とはいえ、それがコミュニケーション上で問題となるほどだったら、実際の言語生活ではやっぱり困ってしまう。

しかもはじめから同じというのではなく、言語が変化した結果として、それまで違っていた語彙が同音異義語になって困ることがある。これを「同音衝突」という。

同音衝突がどうして言語地理学に関係してくるかといえば、先に挙げたジリエロンが提唱した説だからである。

フランスのガスコーニュ地方では、「雄鶏」には俗ラテン語の gallus、また「猫」には同じく俗ラテン語の cattus に由来する語が、それぞれ用いられていた。しかしいくつかの音韻変化が起こった結果、どちらも gat になってしまったのである。これは不便だ。「庭に gat がいる」といっても、どちらのことか分からない。「部屋に gat が上がってきた」としたら、雄鶏と猫では大違いである。そこでこの地方ではgatを「猫」のみに使用することにして、「雄鶏」には別の語を充てるようになった。

このように、同音衝突が起こったとき、誤解のないよう別の語に置き換えることを「語の治療」という。

日本語でも、場合によっては語の治療をおこなう。「私立」と「市立」で分からないときには、「わたくしりつ」と「いちりつ」で区別する。「科学」と「化学」では、後者を「ばけがく」といったり「ケミストリー」と英語でいい換えてみたりする。

このように、変化の結果としてコミュニケーションの阻害が生じることを「病理」と捉え、これを研究する分野を「言語病理学」という。こちらも病理学の分野ではなく、言語学の分野である。

「治療」はいろいろなときにおこなわれる。語が短すぎて分かりにくい場合には、音を増やすことがある。日本語でも「子」だけでは他にも「粉」や「個」などもあるから、「子ども」とする。口語では「根」を「根っこ」、「葉」を「葉っぱ」、「胃」を「胃袋」などという。ごくお馴染みの語ばかりだ。

こういう変化は、確かに比較言語学だけでは判断できない。言語の変化には、本当にいろいろな要因が考えられる。

ところで「言語病理学」にはもう一つ、言語障害やリハビリテーションを研究する分野もあるという。『言語学大辞典』（三省堂）では、同音衝突などについては「言語病理学（一）」、言語障害などについては「言語病理学（二）」として、これを区別している。

だったら、「言語病理学」という名称自身が同音衝突を起こしているではないか。

そう考えると、なんだか妙な気分だ。

言語地理学の目的

言語地理学は比較言語学と密接な関係にある。言語地図上に現われた分布から、古い時代の姿が読み取れることもあるからだ。かつて一九世紀に青年文法学派が音韻だけでは説明できなかったことが、言語地理学によって解明された例もある。

だが、それには細心の注意が必要だ。『言語学大辞典　第六巻術語編』には、次のような指摘がある。

> 文献資料や比較言語学における新古関係との異同にも注意する必要がある。これらが地理的分布の解釈に関係するところが多いのは事実であるが、直ちに同一視するのは危険である。文献資料は、ほとんどの場合、中央方言に関するもので、かつ文体的にも改まった書き言葉という性格を有するものが大部分である。そこにおける歴史が、そのまま他の方言の話し言葉におけるそれと一致する保証は必ずしもない。非中央方言が、中央方言とは違った歴史、文体的に異なるが故に別の歴史を有していた可能性が残るからである。中央方言だけに起こった泡沫現象がたまたま文献に記録されたという可能性さえありうる。（四四二ページ）

比較言語学にせよ、言語地理学にせよ、ひとたび文献をもとに判断するとなれば、いろいろな可能性を考える必要がある。目の前にある資料だけをもとに、思いつきで話を作り上げることは、やはり避けなければならないのである。

［課題］言語の地理的変種、つまりいわゆる「方言」について、自分の体験をもとに自由に論述してください。日本語についてでも、あるいは他の言語についてでも構いません。

［ポイント］わたしは比較言語学に限らず、言語学の講義では必ずこのようなテーマを出題する。受講生は自分の体験をもとに、いつも生き生きと書いてくれる。彼らの論述を通して、わたし自身が新しいことを知ることも多い。おかげでこれまでにずいぶんデータが集まった。

今回はその中でも、「外国語の方言」について論述したものを集めてみた。留学生が日本語を取り上げてくれた例もある。

> ポーランドの東部にあるルブリンでは、スリッパのことを ciapy といいます。僕は、日本ではどちらかというと南部クラクフ地方寄りのことばでポーランド語を勉強していたので、スリッパのことは pantofle と留学当時は呼んでいました。しかしある日、熱心なルブリン地方愛好家の友だちに訂正され、ciapy という単語を知りました。どちらが方言なのかといわれると、ワルシャワではどちらも通じるそうなので、ちょっと判じ難いそうです。

＊へええ、知らなかった。試しに手元にある『ポーランド語－ロシア語辞典』や『ポーランド語－英語辞典』を引いてみたのだが、ciapy は載っていなかった。留学先で方言を覚えるなんて、ちょっとカッコいいね。

日本人にいちばん知られている朝鮮語の方言といえば「チヂミ」でしょう、きっと。あれは慶尚道方言(確か…。違っていたらすみません)であり、ソウルでは「プッチムゲ」または「ヂョン」というのです。地域方言の語彙が外国で広まっているなんて、おもしろいですよね。もしかしたら、モツ煮込みがどこかの国で「ドテニ」とか呼ばれているかもしれませんね。

＊いま日本で「チヂミ」といえば韓国風お好み焼きのことを指し、最近では多くの飲食店で見られるようになっている。それが非標準語であったとは、確かにおもしろいエピソードだ。もっとも、これを書いてくれた人もうろ覚えだというし、わたしも確認はできないので、正確に知りたい人は自分で調べてください。

二〇一〇年八月、私は二週間ロンドン大学で音声学を勉強していました。授業の休み時間に大学近郊のカフェに行って食べ物をレジに持っていくと、「アイティ!」といわれ、ポカンとしてしまいました。見るからにやる気のなさそうなオバサンは不機嫌な顔をして、もう一度「アイティ!」といいました。そのとき私ははじめて「そうだ!コックニーは『エイ』を『アイ』というんだから、つまりeighty(pence)といっていたのか!」と気づき、一ポンドを手渡しました。

コンサートのパンフレットを売っているおじさんにも、three poundsがfree pounds、つまり[θ]が[f]となる典型的なコックニー話者の人がいました。大学の授業ではこのような特徴を習っていても、いざ聞くとなんだか感動してしまいました。その後も、他のパンフレット売りの人たちに、コックニーかどうか確かめたくて、値段が分かっているクセに How much? と聞いて確かめてしまった私でした。

＊コックニーとは、いわゆる「ロンドン方言」のことである。わたしも体験したが、「エイ」を「アイ」と発音されただけで、慣れないとかなり戸惑う。でも、いい体験をしたね。

私は一年生が終わったのと同時に、友人と二人でイランを旅行しました。イラン北部⇓北西部⇓西部⇓南部⇓中部を一か月かけて巡りました。北西部ではアーゼリー語が話され、南部のシーラーズではタクシーの運転手に方言を特訓され、中部イスファハーンでは女の人の話し方が変わっていると気づき、ヤズドではレストランの少年が周りにあるものを使って方言を説明してくれました。一か月旅して、方言の違いを発見し、楽しみました。今思えば、何か一つの単語を決めて各地で記録し、地図を作ったら旅の楽しみが一つ増えたかもしれません。この方言に触れた旅がきっかけとなり、来年夏から一年間、首都テヘランではなく、南部のシーラーズに留学し、方言にどっぷり浸かることに決めました。前回やれなかった言語地図の作成をこの機会に一年かけてやってみようかと考えています。留学の楽しみがさらに一つ増えました。

＊こういう話は、読んでいるだけでワクワクする。外国語学習者の中には、首都や標準語だけに「威信」を認め、地方や方言を軽視する人も少なくない。これを書いた受講生のように、ペルシア語を包括的に

捉える姿勢はとても大切である。留学生活の成功を祈りたい。

アイルランドへ短期留学に赴き、一週間と少しが経過した頃。二週間先にエディンバラに留学していた友人と、ダブリンで会うことになりました。向こうは英語科。リスニング能力の差はもとより歴然で、まだ現地の空気に慣れずビビリまくっていた自分なんかは、彼女にどう頼ろうかと情けない期待すらしていました。

しかし結果は意外なものでした。大好きなウイスキー“JAMESON”の醸造所を見学していたときのこと。「えー、めっちゃ聴き取りにくいんだけど…」と彼女はいいました。でも一方で自分はガイドさんの朗々とした説明を、それほど難しいものとは感じなかったんですね。

ガイドさんは生粋のダブリンっ子。恐ろしいまでのアイルランド訛りだったみたいですが、一週間といえど、自分にはそれに慣れる時間があったみたいです。人間の適応力って、凄いですねえ。

＊確かに「慣れ」はある。はじめは聴き取れなくても、だんだんと分かるようになるものだ。人間の適応力は、本当に凄い。

中学校のとき、国語（英語というのかな?）の授業でPygmalionという、少し時代遅れの劇の脚本を読まされる??　読まさされる??　読まさせられる??　ことがあった。当時の私は国語より遊びとか男の子に興味があったのだが、Pygmalion は記憶に残った。先生はご存じかもしれないが、

Pygmalion の主人公は言語学の天才で、誰かが話しているのを聞いただけで、イギリスのどこの州のどこの町のどこの通りから相手が来たか分かる。オーストラリア人の私にとっては、それは恐ろしい能力でちょっと惹かれた。だって、オーストラリアではあまり方言の差がなく、どこに行っても話が通じるから、通りどころか、西部なのか東部なのかさえ分からないと思っていたから。後から知ったが、特訓を受けた博士課程の天才が聞いたら分かるらしい。学部の私には無理。というか必要な能力でもない。

＊最後の「必要な能力でもない」というのがいい。そう、そんな能力は別にいらないんだよ。それにしても、発音で方言差を判断できる人って、本当にいるのだろうか。とくに現代のように人が流動的な時代に、どこの通りの住民なのかまで分かるというのは、おそらくフィクションではないかと想像するのだが。

この冬休み、私は九州の福岡県でホームスティをしました。そこで福岡の博多弁の魅力を感じました。その中で、一つの方言を取り上げます。

食べな（東京）＝食べり（福岡）

ホストファミリーの説明によれば、福岡の人にとって「食べな」という文を聞いたら、なんとなく命令されているということです。

そして、私は他の地方から来た友人に聞いてみたところ、

食べな（東京）＝食べへい（青森）＝食べんかい（愛媛）

しかも、その理由は福岡の人と同じようです。

そのような話を聞いて、外国人の私にとって、日本語の方言はとても豊富で面白く感じます。確かに、もう一度考えてみたら、「食べな」は命令のように聞こえます。

＊これを書いてくれたのは、カンボジアからの留学生。海外での方言体験は、これほどまでにフレッシュなのだ。

方言についてはいろいろな意見がある。現代日本では、方言は文化遺産であり、これを擁護したいという考え方が主流である。その発想は、決して悪いことではない。だが、感情的な方言擁護に走る前に、考えてもらいたいことが三つある。

一つは、方言は本当に滅びそうなのかということ。確かに伝統的な方言は話者が減っているかもしれないが、その代わりに先に紹介した『新しい日本語』にあるような、いわゆる「新方言」は活発な動きを見せている。そういうものだって、方言には違いない。それも含めて、判断すべきではないか。

二つ目は、方言に対する親近感を強調するあまり、共通語を否定していいのかということ。それぞれの地域で勝手にしゃべったところで、日本語なんだから通じるはずというのは、すこし乱暴ではないだろうか。共通語がなくなったら、コミュニケーションが格段と難しくなるはずである。

そして最後に、外国語を学ぶ受講生に尋ねたい。

あなたは、自分が学習している言語の方言にまで興味を持っているだろうか。勉強はしないまでも、地方文化に対して敬意を払っているだろうか。

自分の母語の方言は守り伝えていきたいといいながら、外国語は威信を持つ標準語のみを崇拝する。そんな態度の学習者は決して少なくない。

もしあなたが方言を大切だというのなら、それは外国語でも同じだと考えてほしい。どの国のどの方言にも、それを大切に思う人がいる。それが前提である。

さらにわたしが付け加えたいのは、東京にも方言があることである。東京方言は共通語と非常に近い関係にあるが、まったく同じではない。そしてその東京方言は、東京の人間にとって大切なものであるはずだ。

ときどき、東京方言が共通語に近いというだけで攻撃する人がいる。そのような態度は間違っている。方言研究は相互に尊重し合うという姿勢がなければ、単なるお国自慢にすぎない。

東京出身のわたしは、そう考えるのである。

コーヒーブレイク 8

方言が事件を解くカギとなる推理小説といえば、松本清張の『砂の器』だろう。被害者の言い残したことばから、その出身地を探ろうとする刑事。だが、そこには大きな誤解があった……。

文庫で簡単に手に入るが、ここではあえて野村芳太郎監督の映画（一九七四年）を紹介したい。注目は二か所だ。

まず主人公の今西栄太郎刑事が、方言について調べるために国立国語研究所を訪れる場面。映画では一瞬だが、方言区分の地図が映し出されるのである。

もう一つは、その直後に刑事が地図を買い求めにいく場面。これは神保町にかつてあった地図専門店（白水社のすぐそば）である。

方言周圏論まで登場する「言語学推理小説」を、まずは映像で堪能するのはいかがだろうか。

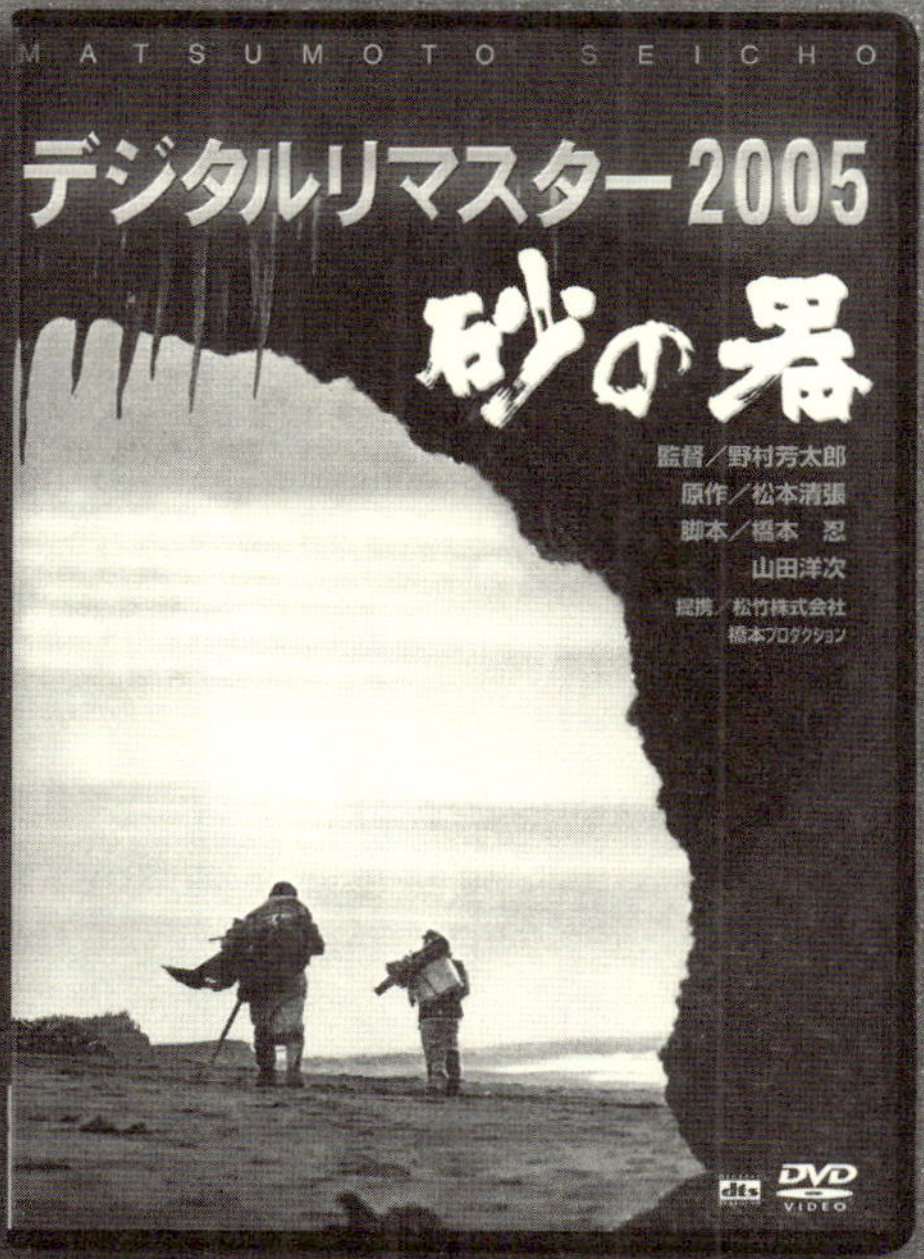
MATSUMOTO SEICHO
デジタルリマスター2005
砂の器
監督／野村芳太郎
原作／松本清張
脚本／橋本 忍
山田洋次
提携／松竹株式会社
橋本プロダクション
DVD
VIDEO

9 政治が言語に口を出す

言語を人為的に変える

ここまで見てきたように、言語の変化にはいろいろな可能性がある。その変化する理由についても、比較言語学的な方法だけですべて説明がつくわけではなく、ピジン・クレオールとか、言語地理学とか、多様なアプローチをしなければ、正しく判断することができない。

いずれにせよ、言語活動には多数の人間の行動が関係してくるので、その変化を予測することは難しい。天気予報以上に当たらない。

それに、そもそも言語は社会的なものだから、誰かが意図的に変えるわけにはいかないのである。それを敢えてやろうというのは、かなり無謀な話だと考えられている。

そうだろうか。

小さな変化については、一部の人が意識的に変えてしまう例がないわけではない。たとえば「准教授」。

高等教育機関の教員の職階で、教授に次ぐものである。かつては「助教授」といっていた。しかし二〇〇七年の四月から、改正された新しい法律が施行され、このような新語が生まれた。

定義などを見れば「准教授」と「助教授」は大きく違うとされている。かつての「助教授」は教授を助けるのが主たる役割だったが、「准教授」となった今は研究に従事することができるという。

ところが、当の「准教授」たちはそんな意識がまったくない。我が家の「准教授」にしても、ただ名称が変わっただけと認識している。そもそも教授を助けたことはない。ちなみにわたしは、二〇〇七年三月で大学を辞したので、この奇妙な職階を名乗らなくて済んだ。

あるいは「看護師」。こういう語は少し前の日本語にはなかった。英語の nurse に相当するこの職業は、女性は「看護婦」、男性は「看護士」のように表現していたと思う。

ところが、現在では「看護婦」も「看護士」も使わない。あるのは「看護師」だけである。二〇〇二年三月に法律が改正され、「看護婦」や「看護士」といった男女の区別をなくし、「看護師」に統一したためだ。

その結果、「看護婦」とか「看護士」のような表現は姿を消した。

ちなみに英語の nurse については、ある辞書によれば「かつては女性を意味したが、現在は男女を問わない職名」と解説されている。

この二つの例は、法律改正に伴う言語の変化である。

ふつう新語というものはなかなか定着しないのだが、「准教授」と「看護師」はあっという間に定着してしまった。

それどころか、いまどき「助教授」という用語を使えば、時代遅れだと思われるかもしれない。うっかり「看護婦」「看護士」といって、男女差別主義者だと誤解されたらどうしよう。そんな不安を抱えて、誰もが使わないよう自粛しているのではないか。わたしはそんなふうに邪推している。

こんな感じで、言語はときに人為的に変わることがある。

公的機関が言語を決める

「准教授」や「看護師」の例は、一部の語彙にすぎなかった。それも法律における用語が変わったことを受けて、世間もそれに合わせたものである。

だが国とか地方とか、あるいは国際連合のような公的機関が、言語そのものに関わる重要なことについて、何か取り決めをすることがある。特定の言語を使えとか、あるいは反対に使ってはならぬといったことを、公的な立場から定めるような場合だ。

これを言語政策という。

言語政策には、いろいろなものが含まれる。標準語の制定とその正書法、教育現場で使用する言語、言語に関するさまざまな権利など、どれも言語政策である。

なかでも重要なのは、標準語の制定だ。

こんな例を考えてみた。

ある国の植民地であった地域Aと地域Bがまとまって独立し、新国家を成立させることになったとする。これまでは地域Aの言語Aと、地域Bの言語Bは、多少の違いはあるものの、互いに理解ができるので問題がなかった。しかし新国家となれば、公的な場所や教育で用いる統一言語がどうしても必要になってくる。

このようなとき、どうしたらいいのだろうか。

方法はいくつか考えられる。

① 言語Aを標準語にする。

② 言語Bを標準語にする。

③ 言語Aと言語Bを整理して、新たな標準語を作る。

④ 第三の言語（たとえば英語など）を標準語にする。

こういったことは、自然に決まるのではない。政府などの公的機関が、なんらかの決定を出して制定していくのである。

このように、言語政策は言語の変化に大きく関わってくる。

目標に向かって

かくして、公的機関は大きな目標としての言語政策を掲げることができる。

だが、それを実行するには、放っておいてはダメである。言語政策を具体化するため、目標を設定し、計画を立て、それを推し進めていかなければならない。進めるだけでなく、ときには変化を食い止めるという目標もありうる。

言語によっては、語彙、文法、表記法などが定まっていなかったり、いくつかのバリエーションがあったりすることがある。そういうときには、具体的な方策を示さなければならない。

分かりやすいのは正書法の変更だ。ドイツ語は一九九八年から新正書法が導入され、白水社をはじめとして語学書出版社は教材の改定作業に追われた。さらに古くは、トルコ語が一九二〇年代にその表記にローマ字を採用したことも、言語政策の具体例である。

そういうときは、公的機関が指針を示すのがふつうだ。国によっては、国家のお墨付きを得た辞書や文法書が存在する。いや、そういうほうが一般的なのである。

日本はどうか。仮名遣いについては、一九四六年の内閣告示によって定められた「現代仮名遣い」が基本である。だがそれ以外の辞書や文法書については、国家が定めたものは存在しない。

わたしには、戦後の日本が「お上」から何かを決められることを非常に嫌う傾向があるように映る。国語にしても同様で、上からの押しつけを極度に嫌がっているのではないか。旧国語審議会などが当用漢字一覧表をちょっと改訂しただけで、蜂の巣をつついたような大騒ぎとなる。気に入らない人は断固としてこれを拒否する。従わなくても罰則があるわけではないから、そういうこともできる。

だが、なんらかの基準は必要ではないか。とくに仮名遣いについて決まりが統一されていないと、わたしのように原稿を書く人間は困ってしまう。

そこで実際には、国以外の団体、企業や業界などがそれぞれ方針を立てて、取り決めている。わたしが仕事をする出版社や放送局では、日本語の表記に関してそれぞれが自分たちの基準を設けていることが多い。厄介な話である。ある出版社で使っていい漢字が、べつの出版社ではひらがなに直すようにいわれることは日常茶飯事。

いちばん大変なのが、受信料を徴収する某放送局だ。漢字や仮名遣いだけでなく、使用禁止のNGワードがいろいろある。「医者」は「医師」に、「ゴールデンウイーク」は「大型連休」に、それぞれをい い換えなければならない。その妥当性を測ることは無意味である。とにかく従うことが要求されるのだ。ただし一般には、先ほども指摘したように自由にやっていい。日記やブログなら、好きに書くことができる。気楽である。

ところが人は自由を求める一方で、なんらかの権威に頼りたいという欲求も持ち合わせているらしい。基準がないのが不都合となると、勝手に作り出してしまうことさえある。

日本語において不思議なほど権威を持っているのが『広辞苑』という国語辞典である。人文科学に携わる人にとって、この辞典を盲目的に信じてはいけないことは常識なのであるが、世間では思いのほか信用されている。一民間出版社が作っているものなのに、日本語の定義などではしばしば引用される。そもそも「『広辞苑』によれば」というような書き出しのある文章は、だいたいにおいて退屈である。

国家以外が言語について決める例は、ほかにもある。

国連をはじめとする国際会議では、公用語を決めることが多い。国際オリンピック委員会では、英語とフランス語が公用語と定められている。だから開会式やアナウンスは、開催地の言語に加えて必ずこの二言語で流れることになっている。

理由を聞いてはいけない。そう決まっているのである。

言語は揉める

いくら決まっているとはいえ、誰もがそれで納得するとは限らない。二つ以上の言語や、または同一言語の複数の変種が併存する社会では、その使用を巡ってあれこれ揉めることさえある。

これが言語紛争である。

言語紛争には、いろいろなレベルがある。

ごく個人的なものでは「いじめ」も含まれる。ことばの違いをからかわれたり、バカにされたりするのは、非常な苦痛だ。

あるいは集団によるもの。どんなに多言語が権利として認められている国でも、軍隊では一言語に統一されていることが多い。「右向け右」をいくつもの言語でやるわけにはいかない。そうなれば、当然ながら言語間に威信の差が生まれる。自分の言語あるいは方言が威信を持たないため、軍隊内で執拗にいじめられたという話を聞いたことがあるが、想像に難くない。

さらには民族や国家間の対立となることだってある。最悪の場合には、武力衝突もありうる。言語戦争である。

言語は生活そのものと、密接に結びついている。自分の使っていることばの使用が、禁止されたり、あるいは制限されたりすれば、いろいろと不利益を被る。たとえば教育が受けられない。公務員になれない。ひどい場合には、住民票が得られずに、追い出されてしまう。

それだけではない。言語は話し手にとってアイデンティティーである。誰でも母語は大切なもの。それを否定するかのような言語政策は、甚だ面白くない。不満が募る。

それが高じれば、言語を同じくする集団が連帯感を持ち、自らの言語の地位向上を求めて、抗議運動に発展することもある。もちろん、別の言語を話す集団とは利害が対立するわけで、双方がその主張を譲らなければ衝突する可能性もある。

こうして、話はだんだんと厄介になってくる。

ベルギーの言語事情

言語紛争の代表例ともいえるのが、ベルギーだろう。

ベルギー王国は一八三〇年にオランダから独立した。人口は一〇〇〇万人ほどで、北部にオランダ系のフラマン人、南部にフランス系のワロン人が住む。さらに東部にはドイツ語系住民もいる。言語については、フランス語（＝ワロン語）が、オランダ語（＝フラマン語）に対して威信語となっている。決して大きいとはいえない国だが、ヨーロッパの言語紛争というときには必ず話題になるほど、言語問題は深刻である。

たとえば二〇〇六年一〇月四日付の朝日新聞には、「きしみ強まる南北ベルギー」という見出しでこの国の言語事情が紹介された。記事によれば、北部オランダ語圏のある町では学校教育でフランス語を制限したり、あるいは公営住宅への入居にオランダ語学習を義務付けるなど、規制を強めているという。目的は北部オランダ語圏の自治拡大である。

渋谷謙次郎編『欧州諸国の言語法』（三元社）によれば、ベルギーではすでに一九世紀からオランダ語とフランス語の二言語主義が採用されている。だが実際の使用は各自の選択に任せられていたため、古くから威信を持つフランス語のほうが常に優勢で、オランダ語話者はこれに不満を持っていた。

これを解消するために、ベルギーでは何度も法律を改正している。一九三二年から一九三八年にかけて地域言語の使用を義務付ける法律ができると、ブリュッセルなどの一部を除いて、地域ごとにオランダ語とフランス語を使い分けるようにした。これは一九六〇年以降にも改正され、さらに徹底されていく。

だが、フランス語の優位は変わらない。さらに南部のフランス語圏は、石炭・鉄鋼業の中心であった。そのため、人口では北部オランダ語圏のほうが多くても、経済力を背景にフランス語の影響力はさらに強まる。少し前の社会言語学の概説書には、だいたいこんなふうに書いてあった。

だがここで、大きな変化が訪れる。

ヨーロッパの石炭・鉄鋼業の斜陽に伴って南部は衰退し、その反対に北部は製造業で発展していく。ついに一九八〇年代には、経済的優位が逆転してしまうのである。

そうなってくると、オランダ語の権利拡大がますます声高に叫ばれるようになる。こうして、先に紹介した新聞記事のように、オランダ語圏が強気な態度に出てくるのである。

ベルギーはいつでも、この二つの言語圏それぞれからの要求に合わせて、体制や法律の改正を繰り返している。一九九三年には連邦国家に移行し、中央政府と共同体政府が交差する複雑な行政組織になるのだが、それでもなかなかうまくいかない。一時は分離独立かとまで騒がれた。

ベルギーの言語事情については、専門書が日本語で読める。事態は刻々と変化し続けており、わたしが今回まとめるのに使った資料さえすでに古いかもしれない。詳しくはそちらに譲ることにして、ここでは複雑な歴史の一部を紹介するに留めておく。

ルクセンブルクの言語事情

だが言語のアイデンティティーが、常に強力な民族主義と結びついて、紛争に繋がるとは限らない。

先ほどの『欧州諸国の言語法』を眺めていたら、ベルギーの東隣のルクセンブルクという小国の言語事情が目にとまった。わたしはこういう超ミニ国家に興味がある。

ルクセンブルクは一八一五年のウィーン会議により独立国家となった。この頃はフランス語話者とドイツ語話者がほぼ半々であったが、後にフランス語地域がベルギーに割譲されてからは、ほぼ単一母語話者で構成されるようになったとある。

だが、この母語とはドイツ語ではない。ルクセンブルク語のことである。

ルクセンブルク語は二〇世紀初頭まではドイツ語の方言と見なされていたが、徐々に独自言語として認知されていく。現在では国語として明記されており、威信も高く、口頭によるコミュニケーションではこちらが主流であるという。

ただし、それだけでは済まない。ルクセンブルク国民にとっては、母語のほかにドイツ語とフランス語の使用が不可欠だという。フランス語は立法の言語で、公的な性格が強い。ドイツ語は新聞や選挙運動のビラなど「国民全体に読まれることを前提とする文書」に用いられるという。

つまり、母語であるルクセンブルク語は、書きことばとしてその使用が非常に制限されているのである。また法的にも、殊更に保護しようという動きはない。

だが、それで困る国民がいないというから不思議だ。少なくとも言語をめぐる紛争については、伝わってこない。自らのアイデンティティーを確認するためにルクセンブルク語は大切だが、EUの公用語にしたいなどとは考えない。学校教育でも、教科としてのルクセンブルク語は週に一時間だけで、それも中等教育の低学年までという。それよりもドイツ語とフランス語の教育に時間をかけ、さらにはそれを使って教育をおこなう。母語の使用範囲が狭いことを自らが認識し、それより独仏両言語をがんばろうというわけだ。そういう道もあるのかと感心する。いずれにせよ穏やかな国である。そういえば、ワインもおいしかったっけ。

それに、ドイツ語とフランス語の両方ができるようになるというのは、やはり魅力的ではないか。とくに日本では、この二言語が使える人が非常に限られている。ドイツ語を学んだ人はフランス語も、フランス語を学んだ人はドイツ語も、それぞれ勉強すればいいのに、教師も含めてなぜかほとんど誰も実行しない。仕方がないので、自分一人でほそぼそと勉強している。

新しい言語がどんどん生まれる?

ヨーロッパのバルカン半島には、かつてユーゴスラヴィア社会主義連邦共和国という国があり、「七つの国と国境を接し、六つの共和国を有し、五つの民族が住み、四つの言語を話し、三つの宗教があり、二つの文字を使っているが、それでも国は一つ」という、数合わせ的なスローガンがあった。それが一九九〇年代には深刻な紛争になってしまったことは、記憶されている方も多いだろう。ただしこれは言語紛争ではない。

この旧ユーゴスラヴィアの六共和国のうち、スロヴェニアとマケドニアを除く地域では、非常に近い言語が話されていた。

そのうち、セルビア語とクロアチア語は一つの言語の二つの変種、つまり一言語だけども二つの規範があるとされていて、ときにはこの二つを合わせてセルビア・クロアチア語と呼ぶこともあった。ちなみに、かつては《セルボ・クロアート語》というような表記があったが、不正確である。

だが紛争の結果、この二つの言語は絶対に融合しない存在となり、今ではセルビア語とクロアチア語は分けて扱うことが圧倒的に多くなった。

それだけではない。いつの頃からか、ボスニアにはボスニア語というのが登場した。わたしが持っている中でもっとも古いのは一九九七年発行の『ボスニア語』という外国人向け教科書で、英語で説明されている。こういう言語は、わたしが一九八〇年代にセルビア・クロアチア語を学んでいるときには存在しなかった。内容をみても、わたしが習ったセルビア・クロアチア語とほとんど変わらない。だが、ボスニア語に関する書籍はどんどん増えており、『ボスニア語文法』(二〇〇〇年)、『ボスニア語とボスニア人』(二〇〇二年)など、わたしの書棚にも何冊か並ぶようになった。

さらにはツルナ・ゴーラでも、セルビアからの独立後に新しい言語が登場した。この地名、日本では「モンテ・ネグロ」と表記されるのが一般的だが、イタリア語で表わす必要はとくにないと考えるので、現地語に合わせてツルナ・ゴーラとする。手元には二〇〇三年に首都ポドゴリツァで発行された『公的使用におけるツルナ・ゴーラ語』という本がある。論文集というか、「ツルナ・ゴーラ語宣言」のパンフといったほうがいいかもしれない。あるいは『ツルナ・ゴーラ語』（二〇一〇年）という薄い冊子には、副題として「ツルナ・ゴーラ語の標準化の科学方法論的基盤」とあり、この言語の言語学的説明があれこれ書かれている。だが、書かれている言語が何語なのかさっぱり分からない。いえることは、わたしが昔習った、今は無きセルビア・クロアチア語の知識で充分に理解できることである。

言語政策によって、言語そのものが新しく生まれていく。しかもこの章の冒頭で挙げた例のような、複数の変種を整理して新たな標準語を作るというのではない。その反対に、一つの言語が政治的な理由でどんどん分かれてしまうのである。

国語審議会はすでに存在しない

それでは、日本に言語政策はあるのだろうか。

すでに指摘したように、日本でも漢字制限や、ときには敬語の分類などが公的機関から発表され、これがマスコミを賑わすことがある。

そういうとき、多くの人が思い浮かべるのが国語審議会ではないだろうか。

そもそも、国語審議会とは何か。安田敏朗『国語審議会』（講談社現代新書）では次のように説明されている。

国語審議会とは一九三四年に官制が公布された文部大臣の諮問機関である。また一九四九年からは、文部省設置法という法律で設置が定められ、国語審議会令という政令で規定された組織で、二〇〇一年一月に廃止されるまで存続した。

（九ページ）

これを読んでわたしを含めた多くの方が驚くのは、国語審議会の位置づけではなく、二〇〇一年一月に廃止されたことではないか。実際、それ以降は文化審議会の国語分科会として、文部科学大臣の諮問機関になっている。だが著者の安田氏によれば、勤務先の大学生にアンケート調査したところ、九割がこれを知らなかったという。

このように、国語について審議する機関についてさえ知られていないのだから、そこでどんなことが話し合われているのか、さらになじみがないだろう。

この本では、国語の基本的三大テーマとして、「漢字制限」「送りがな」「敬語」を取り上げる。日本の国語政策と、その迷走ぶりを知るうえで、非常に有益な本であり、わたしはとても勉強になった。

もちろん、日本の言語政策については、この三大テーマに限らない。たとえば、アイヌ語に対する政策や、沖縄の諸言語をどのように考えるかは、重要な課題である。国語教育や、英語などの外国語教育についていては、多くの人が関心を寄せるはずだ。

それでは、なにがもっとも重要なのか。

これについては、受講生自身に考えてもらおう。

〔課題〕日本の言語政策に関して、あなたがもっとも緊急に取り組むべきだと考えるテーマは何でしょうか。自由に述べてください。

［ポイント］世間では政策論議が盛んであるが、こと言語に関しては、系統的に取り上げられることがほとんどない。しかし本当にそれでよいのだろうか。若い受講生たちの意見を聞いてみたい。

今日の授業で扱ったような複数言語国家では、憲法に言語についての条項がしっかりあって、何語に権威を持たせるのかについて述べられている（たとえばカナダのケベック州では公用語がフランス語のみと決められている）が、日本には憲法にそういった条文はない。他の授業で聞いたことだが、唯一言語について触れられている法律の条文は、日本で行なわれる裁判では日本語を使用するといったものだけだそうだ。アイヌや沖縄のことば、日本で働く外国人労働者の言語など、少数言語の地位を定めることも大事ではあるが、それよりもまず最も話者数が多く、実質的な国語であり、共通語であり、標準語である日本語に、どのような権威を与えるかを明文化すべきである。

＊日本の言語政策として、この問題を避けて通ることはできない。わたし自身も、日本語に対してなんらかの基準を設置すべきだと考えている。そもそも、決まりがあいまいな言語が自由だといえるだろうか。それは法律のない国家と同じく、不安定で危険なだけではないか。

私が日本の言語政策において最も重要だと考えるのは、辞書・文法書の作成です。私は別に日本全体が共通語を統一して話すべきだとか、その文法書に従って教育すべきだと考えているわけではありません。しかし、そういった本が本当に必要なのは、日本でふだん生活している私たちではなく、日本語を学びたいと考えている多くの外国の方々ではないでしょうか。私だって英語を学ぶときには文法書や辞書に頼ります。日本語の文法書などがないとはいいませんが、公的な機関が公的に作成したものには、何かしらの権威のようなものがあると思うのです。

日本で長い間暮らしている外国人が一向に日本語が話せるようにならないとか、漢字の読み書きができるようにならなくて、それってどうなの？　なんて意見を耳にしたことがありますが、日本人として日本語を覚えてもらう努力や試みがあってもよいかな、と思いました。

＊外国語として日本語を学習している人にとって、基準となる文法書や辞書がないのは、不便を通り越して、不安になる。「なんでもいいんだよ、通じれば」といわれても、学習者は落ち着かないだろう。

なぜ日本では、男女のことば遣いが異なるのかについて、疑問を持っています。歴史を遡ってみれば、ジェンダーがその原因の一つなのでしょうか。よく分からないのですが、もしそうであれば、男女平等社会を構築するため、男女のことば遣いを統一することに、一日も早く取り組むべきではないでしょうか。

＊これを書いた受講生は中国人。斬新な意見だ。男女のことばの差を封建時代の遺物と考えれば、廃止して当然という結論にもなる。日本語学習者にとっても、そのほうがありがたい。
しかし、これが実現する見込みはとても低そうだ。そこには母語話者の価値観が反映する。

私は外国語をそのままカタカナ表記で外来語として取り入れすぎている状況に不安を感じています。とくにコンピューター関係の用語などは、ほとんど外来語です。こうした状況をふまえて、日本政府はそれらを日本語でいい直そうという取り組みをおこなってきました。しかし政府がそこで選んできた外来語というのは、もうすでに私たちになじみのある語であり、その取り組みはうまくいかなかったように思えます。そこで、私がいいたいのは、これ以上何でもかんでも外国語をカタカナ表記にして外来語にするのはやめるべきだということです。すべてを元からある日本語でいい換えるようにとはいいませんが、外来語が限りなく増え続けているこの状況に対して、何らかの政策を取るべきではないでしょうか。

＊「いい換える」というのは、翻訳借用語のことをいうのだろうか。そういう意見もあるだろうが、そもそも基準がないのだから、それも難しい。

私は就活中で、現在エントリーシートを書き出し始めたのですが、どうも敬語の使い方に困ることが多く、途方に暮れています。普段から公式の場のような、敬語を使う機会に慣れておらず、高校のときまで、先生など目上の人に対しても、かなりフランクに接していたせいだと反省しています。

しかし会社の説明会に行くと、割と若い人事の方の敬語が何かおかしいと思うことがよくあります。緊張もしてらっしゃると思うのですが……。マナーとことば遣いに気をつけるようにいわれますが、人事の方の敬語の使い方を聞いていると、説得力がありません。日本はもっと敬語を使う場に慣れるような政策をした方がよいと思います。

＊これもよくある意見。ただ「慣れさせる」のが政策かどうか、微妙である。それはともかく、右の文章は敬語以前の問題として、論述としてこんな日本語でいいのか疑問だ。後半の文章では、「思う」を使い過ぎてはいないだろうか。

僕の兄は小学校で教師をしており、現在六年生の担任をしています。この前、突然兄に「小学校のとき、作文って書いた?」と聞かれたので、「もちろん」と答えました。遠足に行ったときや、行事の後は必ず書かされました。ところが最近の子どもたちは、作文が書けないらしいのです。まず原稿用紙の正しい使い方を知らず、段落に分けることができなかったり、「マジ楽しかった」「ヤバイ疲れた」などのことばを作文に使ったりするそうです。

僕は啞然としました。少なくとも僕が小学生の頃、とはいってもたった一〇年ほど前ですが、そんなことはありえなかったからです。最近ではテレビや本などでエラそうなおじさんたちが「最近の子どもは正しい日本語が使えない」と嘆いているのを聞いて、「そもそも正しい日本語って何だよ」とか思いつつも、自分なりにはＴＰＯに応じたことば遣いをしているつもりです。今の小学生が書きことばと話しことばを使い分けられないという現状ではマズいと思います。また年上の人に対する敬語も使えないと兄はいっていました。そういった部分を改善するためには、どんな政策をとるべきか、効果的な方法は思いつきませんが、何らかの措置は必要だと感じました。

＊教育問題は言語政策の重要な部分を占める。どうやら国語教育がうまくいっていないことがうかがえる。

ただし、生徒が原稿用紙の使い方を知らないことについては、教えればいいだけのことだ。作文の中に「マジ楽しかった」「ヤバイ疲れた」などと書くのは、「思ったことを素直に書きましょう」と指導しているからではないか。

日本の言語政策で最も緊急を要すると私が考えているものは、学校における英語教育である。私たちは中学校から英語を学んできたが、日本人は英語を話せないとよくいわれており、実際私も英語を話せない日本人の一人であると思う。学校の授業が悪いとは一概にはいえないが、授業の内容をもっと実用的な会話が身につくようなものに改善し、評価もペーパーテストのみではなく会話のテストなどを取り入れたらよいのではないだろうか。

最近、小学校からの英語教育が義務化され、英語よりも日本語を学べ、といった議論があったが、言語は小さい頃から始めるほどよく身につくので、早いうちから始めるのはよいことではないだろうか。ただしそれによって、日本語の能力が損なわれてしまったら意味がないので、どちらがよいともいえないが、中学・高校の授業内容は受身的なものが多いので、もっと自発的に英語を活用できるものにしていくべきだ。

＊外国語教育も重要なテーマだ。ここに挙げたのは、世間で広くいわれている代表的な意見である。外国語教育の現場から離れている人ほど、このような現状を批判する。

それにしても、後半の文章は支離滅裂である。「英語教育の義務化」と「英語よりも日本語を学べ、といった理論」がどういう関係にあるのか分からない。「言語は小さい頃から始めるほどよく身につく」という根拠はなにか。「中学・高校の授業内容は受身的なものが多い」というのはどの科目なのか。もうすこし意見を整理しなければ、説得力がない。

日本が早急に取り組むべき言語政策は「国語教育」だと私は考える。これは「英語教育」と比較してのことである。最近、小学校から英語の授業を義務化しようという方針が出ているが、英語に力を入れるより、まず日本語の教育を徹底しておこなうのが先ではないだろうか。そもそも、学校で少し英語を勉強したからといって、英語が話せるようになるわけでもないし、早くから始めたからといって英語が好きになるわけでもない。実際、私の小学校では月に一回英語のネイティブスピーカーが来て英語の授業があったが、英語が苦手な子はたくさんいた。それほど効果が見込めないまま英語教育の開始年齢を引き下げるよりも、もっと漢字をしっかり覚えさせたり、読書の時間を設けて本に親しませたり、国語教育に力を入れたほうがよいのではないかと思う。国語は全ての教科の基本だともいうので。

＊英語教育についてもっと強力に推進すべきだという意見がある一方で、それよりも国語を重視すべきだという意見も根強い。「国語が基本」という考え方は、多くの人が共感するだろう。だがその国語教育が、先ほどの例のようにうまくいっていないようなのである。う〜ん、これは言語の問題か、それとも教育の問題なのか。

急いで取り組まなくてはいけないこと、それは幼児期からのいたずらに熱心な外国語教育だと考えます。別に先に学ばなければならない、つまり第一言語がその国の公用語とか標準語であるかは問わず、何かその人の柱になるというか、モトとなるというか、そういった言語があってはじめて、人は情報を得て、考え、発信していけるのではないでしょうか。

「その人の母語の確立までは、別言語はおあずけ」、これが私の政策です。

＊わたしも個人的にはこの意見に賛成である。しかし親が子どもに外国語を身につけさせたいという気持ちは、ほとんど欲望といってもよく、それを言語政策として制限するのはかなり難しいだろう。禁止すれば闇市場すら生まれるかもしれない。「ちょっと、奥さん、お子さんに英語をこっそり教えますよ」、なんてね。

日本において緊急に取り組むべき言語政策は、アイヌ語と琉球語の問題であると思う。アイヌ語はネイティブスピーカーがどんどん減り、文字通り消滅危機言語である。アイヌ語を維持・復興しようという動きはあるものの、国家レベルでの言語政策は私の知る限りおこなわれていない。このままではごく近い将来にアイヌ語が消滅することは目に見えていて、言語、さらには文化、民族としてのアイデンティティーも消えていくことになり、日本の多様性はますます失われていくだろう。琉球語も状況は違えど、まったく同じことがいえる。

二〇〇九年、ユネスコがアイヌ語や琉球語諸方言を消滅危機言語として認定した。国際的にそのような認識がなされているのに対して、日本政府は未だ具体的な政策を講じていない。こうしている間にも言語は消滅へどんどん向かっている。政策によって言語を消滅の危機から救うということは一筋縄ではいかないことではあるが、一刻も早く日本政府が何らかの策を講じてくれることを切に願っている。

＊消滅危機言語の保護は、現代言語学のテーマでもある。日本の場合、アイヌ語や沖縄の諸言語についての政策を求める声は、受講生の中に必ずある。わたしも基本的には賛成だ。だが、ユネスコなどが認定する消滅危機言語については、その基準がよく分からない。声高に保護を求める言語だけが対象になっているようにも見える。また、消滅の危機がない言語は放っておいていいのかという問題もある。言語の価値は話者数に左右されないのが原則だとしたら、消えそうな言語だけ場当たり的に保護するのではなく、もっと体系的な視点が必要なのではないか。

このように、言語政策については実にさまざまな意見がある。わたしのクラスの受講生の間だけでもこれだけあるのだから、これが国民的な議論になったら、おそらく収拾がつかないだろう。ただし日本政府は、ほかに取り組むべき緊急課題があると考えているし、言語政策に予算を割くつもりもない。したがって、言語政策が議論される日は、いつまで経ってもこない。

さて、わたしはどう考えるか。

日本が緊急に取り組むべき言語政策、それは日本の高校教育に言語学を導入することである。別の科目を設けるのは難しいだろうから、国語の一部に加えてほしい。そこで、言語とはどういうものので、どのようなしくみになっているかについて、基本を学ぶ。恣意性や二重分節性といった概念を理解してほしい。

このような言語学の知識を通して、インチキな外国語学習法とか、早期英語教育とか、あるいは奇妙な日本語起源論などに、騙されないようになってほしいのである。

そう、奇妙な日本語起源論。

どうやら、この話題に触れないわけにはいかないらしい。

コーヒーブレイク

9

教育漢字という用語をご存じだろうか。小学校学習指導要領の付録にある、学年別漢字配当表に挙げられた一〇〇六の漢字は、俗にこのように呼ばれている。

日本の国語政策として、小学校で習う漢字は学年別にきっちりと決められている。一年生で八〇字、二年生ではその倍の一六〇字、三年生となると二〇〇字、四年生でも二〇〇字、五年生ではすこし減って一八五字、そして六年生ではちょっと中途半端な一八一字が割り当てられている。合わせて一〇〇六字。小学校だけでも、これだけの文字を習うのである（今後さらに増やすという意見もあるようだ）。

『正しく書ける 正しく使える 小学漢字 1006』（学研教育出版）は、その教育漢字をまとめた一冊である。漢字の読み方はもちろん、書き順は一画ずつ示し、さらに覚え方、注意点、成り立ちも収録する。大人が読んでも、新しい発見に満ちている。

日本人が義務教育で学ぶ漢字は多い。中学校ではさらに一一三〇字が待っており、合計で二一三六文字。だが教育漢字だけでも、いろんなことが表現できそうだ。

いつの日か、一〇〇六の教育漢字だけで、言語学エッセイを書いてみようかな。

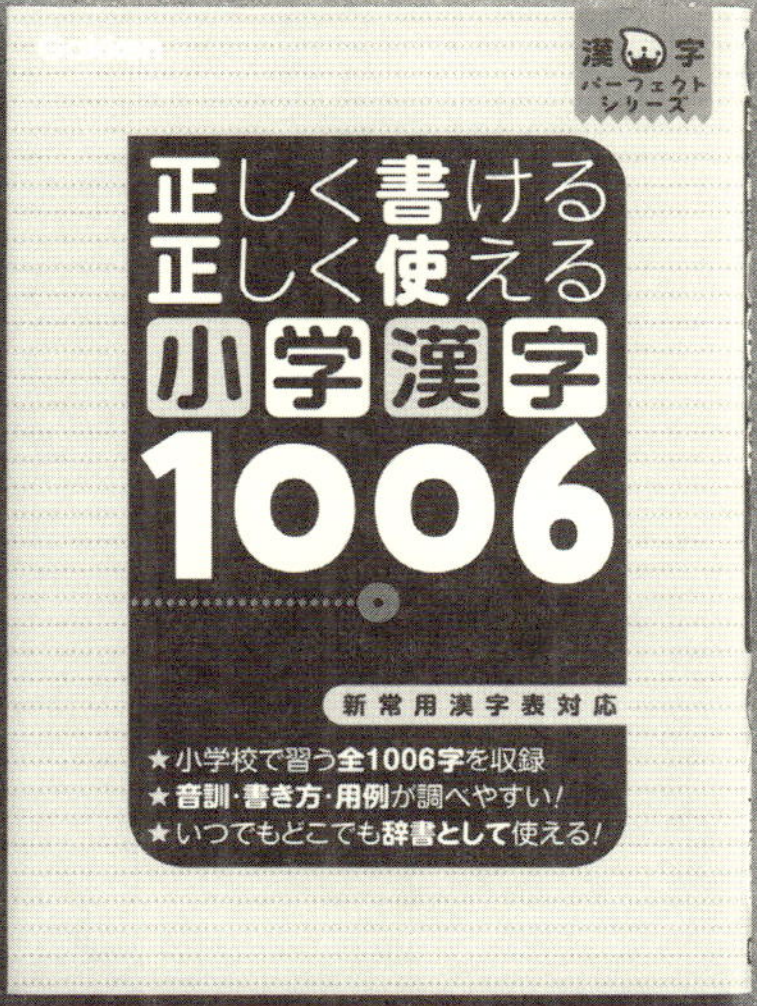
漢字パーフェクトシリーズ
正しく書ける
正しく使える
小学漢字
1006
新常用漢字表対応
★小学校で習う全1006字を収録
★音訓・書き方・用例が調べやすい!
★いつでもどこでも辞書として使える!

10 日本語の系統をめぐる危ない話

みんなの好きな言語学

日本語の起源は、多くの人が関心を寄せるテーマである。

言語学にはさまざまな分野があるが、話題になるのはなぜかごく一部に限られる。

そのうち、言語習得は教育という実益と結びつくので、一般の興味を引くのも分かる気がする。

だが、サルなど人間以外にも言語があるかどうかという、現代言語学からすればおおよそ外れたテーマも、マスコミでよく取り上げられるのが分からない。しかも、人間以外の言語は人間の言語と比べて大きく違う、という言語学の常識は歓迎されない。実はサルも非常に高度なコミュニケーションをおこなっている、という話が好まれる。コミュニケーションと言語は、同一ではないんだけどなあ。

さらに、このサルの言語と同じくらいに取り上げられるのが、日本語の起源である。

現在、日本語の系統については定説がない。つまり、分からないというのが、一般的な見解なのである。

もちろん、さまざまな仮説はある。『入門ことばの科学』の二〇七ページには「日本語との同系関係が探られた言語」として、地図とともに次のような言語が挙がっている。

1. 朝鮮語　2. ツングース語　3. モンゴル語　4. アイヌ語　5. ギリヤーク語
6. 中国語　7. チベット語　8. ビルマ語　9. タイ語　10. ヴェトナム語
11. 高砂諸語　12. タガログ語　13. インドネシア語　14. タミル語　15. レプチャ語

さらにその他として、トルコ語、ペルシア語、ギリシア語が付け加えられている。

それにしてもずいぶんいろんな仮説があるものだ。アジアの主要言語では、話題になっていないほうが少ないのではないか。

わたしが驚くのは、ペルシア語とかギリシア語に起源を求める説だ。ということは、日本語もインド・ヨーロッパ語族なの？

すでに語族が確定している言語との同系関係を主張すれば、自動的に日本語がその語族に属することになる。そのうちの一部とだけ関係があるということは、論理的にありえない。本書をここまでお読みくださった方なら、分かっていただけるだろう。

これは有名な「タミル語起源説」についても同じである。

かつてマスコミにも広く取り上げられた、このインドやスリランカなどで話される言語と日本語の同系説は、多くの専門家が疑問を呈したが、提唱者は最後までこの説を曲げず、そのためか、一部の支持者からはまるで殉教者のように崇め奉られた。

わたしはタミル語起源説について、その内容を詳しく吟味したことはない。ただ、それ以前の問題として、系統について不思議に思っている。

タミル語はドラヴィダ語族に属するとされる。だとしたら、日本語もドラヴィダ語族ということになる。もしそう考えているのならば、ドラヴィダ語族に属する他の言語、たとえばテルグ語とか、カンナダ語とか、マラヤーラム語とか、そういう諸言語との関係は、どうして探らないのだろうか。それともタミル語のドラヴィダ語族説を疑っているのか。いずれにせよ、タミル語だけを取り上げる理由が分からない。

ま、しかし、本音をいえばどうでもいいのだ。

わたしは日本語の起源に興味がない。かつてはこういう関係の資料を多少集めてはみたものの、一向に取り組む気になれず、狭い仕事場に積んであるだけだ。この手の本はやたらと分厚くて、レプチャ語説を唱える有名な著作は五〇〇ページもあり、書棚の場所を塞いで困る。

日本語の起源を追い求める人は、何か信仰にも似た強い信念によってつき動かされているのかもしれない。だとしたら、わたしが口を出すことではない。人の「信仰」を邪魔してはいけない。

わたしがいえることは一つ。

現在、日本語の系統については定説がない。少なくとも、みんなが納得する説は存在しない。

起源は必ず遡れるのか?

日本語との同系関係が探られた言語がこれだけ多いということは、その起源がどこかに必ず存在するという確信に基づいているのだろうと想像する。

だが言語の起源というものは、必ず遡れるものなのだろうか。振り返ってみれば、インド・ヨーロッパ語族は恵まれていた。あんなにたくさんの言語が、しかも古い時代の資料も合わせて存在する。そのうえ漢字などとは違い、音韻対応が推測しやすい文字体系で書かれている。いろんな点で圧倒的に有利だ。

もし言語や資料が非常に限られていたら、どうだったろうか。

ここで想像してみたい。

たとえばインド・ヨーロッパ語族で、現在でも使われている言語が英語とロシア語のみであったとする。他の言語はロクな資料も残さずに滅んでしまった。昔のものはラテン語ばかり。

そんな状態だったら、この二つの言語の同系関係が、はたして証明できるだろうか。

現代の英語とロシア語は、だいぶ違う。見た目にも違う文字を使っているが、そんな表面的なことばかりではない。英語は格変化を失って類型論的には孤立語に近い状態だが、ロシア語は今でも屈折性が強く、面倒な格変化によって名詞類の文中における役割を示す。現存するそれぞれの古い言語資料を突き合わせても、なんらかの関係があったことは充分に予測できるだろうが、それだけで同系の証明にまでたどり着けるのか、はなはだ疑問である。

この地球上には、そういう言語がたくさんある。そうは考えられないだろうか。

日本語だって、なんらかの同系言語があったのかもしれない。だが、すぐにそれと分かる言語が現存していない以上、証明するのはこの先も難しいであろう。韓国・朝鮮語については、多くの人がなんらかの関係を予測しているようだが、なかなか決定打がない。わたしはそれが仕方のないことだと考える。あいまいな資料をもとに、無理して結びつけることもないではないか。

ただし国によっては、日本語は《アルタイ語族》に属し、韓国・朝鮮語とは明らかに同系であると教育しているところもある。だから大学の講義で、日本語を学びに来ている留学生に「現在、日本語の系統については定説がない」と紹介すると、みんな一様にショックを受ける。驚かせて悪いのだが、わたしとしては如何ともしようがない。

日本語と韓国・朝鮮語については、その語順がS（主語）＋O（目的語）＋V（動詞）だから関係があるのだという主張も耳にするが、この三種類の組み合わせであるたった六つのパターンからのみ同系の可能性を考えるのは、血液型占い並みに無理がある。ちなみに、印欧諸語の中にもSOV型の言語はある。

言語には人間のDNAに相当するものが発見されていない。つまり、近年になって科学捜査のような画期的方法が新たに開発されたとは、いい難いのである。理論面にしてもそうだ。そもそも、言語変化に方程式が立てられるのか。

わたしには、分からないことだらけである。

言語には必ず同系があるという信念のもとに、ヨーロッパの諸言語に適応された方法を採用しながら、音韻対応を探し求める人は今もいる。日本語の系統を探る人の中には、学生時代に優等生だったためか、昔習った伝統的な比較言語学の理論や、「グリムの法則」のような音対応を日本語にも当てはめようと、躍起になっていることも少なくない。

だが、一九世紀的な方法論で解決できるのであれば、とっくの昔に解明されているはずだ。ということは、これまでのやり方では無理なんじゃないかと考えてしまうのである。

日本語の歴史

起源には興味がないとはいえ、日本語については言語学を教えている以上、ある程度の知識は持っておきたい。

ところがこれまでわたしは、日本語の現代文法については多少読んできたが、古典文法とか、歴史についてはロクに知らないことに気づいた。これではいかん。なにか全体を摑めるような本を読む必要がある。

そう考えて書店に行き、すばらしく優れた本を見つけた。それが沖森卓也『はじめて読む日本語の歴史』（ベレ出版）である。副題が「うつりゆく音韻・文字・語彙・語法」とあり、比較言語学を担当するわたしには打ってつけだ。読んでみれば、その説明も分かりやすく、しかも類書と違って「上から目線」のまったくない、とても感じのよい本であることが分かった。

この本では、はじめに日本語の歴史を知ることの意義を述べ、続いて時代別に奈良以前、平安、鎌倉、室町、江戸、明治以降のそれぞれの日本語の特徴を紹介していく。そうか、高校で習う「古文」だって、いろいろな時代の作品があるのだから、その語彙や文法も均質ではないんだよなあ。そういう当たり前のことに、改めて気がつく。

著者は日本語の起源について「特定の言語と同じ系統であるというのではなく、その成り立ちについてはかなり複雑であったと考えるのが一般的」であるとしたうえで、つぎのように述べている。

日本語の特徴から見て、語頭にr、l音がない、母音調和がある、人称・性・数・格の変化がない、前置詞ではなく後置詞を用いる、修飾語が被修飾語の前にくることなどから、北方系言語の要素は確かに見られます。これに対して、音節が母音で終わること、頭子音が二つ以上重ならないこと、身体語彙に共通性が見られることなどから、南方系言語の要素も無視できません。このことから考えますと、極東アジアの、太平洋に面する島国において、南方系のオーストロネシア語族の言語を基層とし、これに北方系のアルタイ諸語の言語が押し寄せた結果、多様な特性を併せ持つ独自な言語が形成されてきたというように想定されます。

（一四～一五ページ）

これがわたしの読んだ中で、日本語の起源に関するもっともバランスのよい説明である。

さらに面白い記述を見つけた。日本語には漢字が伝来する以前に独自の文字があったとする説に対して、著者が神代文字などを否定する根拠を示したあとの、まとめの部分である。長くなるが再び引用したい。

自らが使用する言語に固有の文字があることを願う気持ちは、自然な心情としてそれなりに理解できます。しかし、ギリシア文字がフェニキア文字に由来すること、そのギリシア文字からラテン文字が作り出されたことなどからわかるように、ほかの言語の文字に工夫を加えて、自らの言語に適した文字を作り上げていくというのも自然の流れですし、むしろ世界の言語における文字成立の由来としてはその方が圧倒的に多いのです。ですから、固有の文字体系がないという劣等感を持つ必要はまったくありませんし、それよりも、工夫を凝らして自らの言語をしっかりと書き表わせる文字を成立させたことを誇りに思ってよいのです。

（二三三〜二三四ページ）

固有の文字に対する感情は、言語の起源に関する感情に近いものかもしれない。そのような、ある種のナショナリズムにとらわれた人に対して、これほどまでに説得力があり、しかも優しさを失わない意見を、わたしはほかに知らない。著者はきっと人格的にも優れているのだろう。わたしとはかなり違う。

言語の変化を考えるときに

ことばは変わっていくという大きなテーマのもとに、いろんな話をしてきた。

くり返すが、比較言語学に基づく歴史的変化だけでは、すべての変化を説明することはできない。ほかにも借用、偶然の一致、言語連合、ピジン・クレオール、言語地理学が扱う波動説や過剰訂正、言語政策など、実に多様な可能性がある。「言語の変化は比較言語学にお任せ」というわけにはいかないのだ。

ということで、結論は次のようになる。

比較言語学を過信してはいけない。

しかし軽視するのもよくない。

どこかで一通りの知識と考え方を知っておくこと。それが言語学を知るうえで有益であると信じて、この講義を担当してきた。

さあ、最終回だから早く終わりにしましょう。

おっと、最後の論述は忘れないでね。

［課題］この講義を通して、あなたが気づいたことについて自由に書いてください。はたしてこの講義は、あなたが何かを考えるキッカケになったでしょうか。

［ポイント］どんな講義からも何か得るところがある。それが知識とは限らない。大切なのは、自分で考えることである。受講生がこの講義をどのように受け止めたか、教えてもらうことにした。

私がこの授業を通して考えたことは、私たち受講生が書くレポートについて、他の人の意見を知ることがとても自分の為になるのだなあということです。毎回授業のはじめに皆の意見を聞くことができ、自分では思いつきもしないことを聞けたり、逆に自分の意見に自信がなかったけれども私と同じように考える人もいるのだと分かったりと、いつも新鮮な気持ちで授業に出ることができました。

＊このような意見がもっとも多かった。正しい知識を一方的に伝授されるのではなく、同じ受講生の考え方を聞きながら、再び自分で考える。そういうプロセスが大切なのではないか。

数え上げればキリがありませんが、最も大きいのは「言語学っておもしろい」ということです。もともとドイツ語が好きでこの大学に入学し、これまでドイツ語を中心にことばについて学んできました。ドイツに留学してまでドイツ語・ドイツ言語学にどっぷり浸かる大学生活だったと、今年度のはじめにすでに思っていました。しかしこの授業を取り、まだまだおもしろいことはたくさんあるものだと、気づかされました。

＊自分が専攻する言語以外の世界を、少しでも垣間見ることができたのなら、わたしも嬉しい。もちろん、自分が取り組んでいる言語に熱心なことは非常によいのだが、興味の範囲を少しだけ広げて、再び専攻語に戻ってくれれば、見方も変わってくるはずだ。

言語が変化する、ということは、知識として知っていましたし、今までの人生から「あー、確かに変化するし、ことばが生きているというのは本当なんだな」と感じて生きてきました。でも「どうして変化するのか?」ということは考えたことがありませんでした。なんとなく変化するんだねー、時間が経てば変わってもおかしくないよねーというように感じていました。比較と対照の違いも知らなかったし、ピジン・クレオールってポケモンの名前みたいだなあーとか考えていました。なのに大学院を目指してみたりしていて、おい自分ってどうなの?とこの授業の間にツッコミを入れていました。この授業を受けて気づいたことわかったことで最も大きいのは、言語が変化するのにはさまざまな理由や原因があるということです。また「これはこういうことだ!」とはっきりいい切れることはほとんど存在しないということです。そういう面もあるけど、それだけじゃないかもしれない、というスタンスで物事を見ていく必要があると感じました。

＊外国語を専攻していると、大量の知識を頭に詰め込むだけでも精一杯で、なかなか「なぜ?」と疑問に感じることがない。とはいえ、ときには疑問を持つことも必要ではないか。少なくとも大学院を目指すのだったら、そういう体験もしてほしい。

今までの自分は、どのような情報でも、あまり考えることなく、まったく鵜呑みにしていました。もちろん中には正確な情報もあったのでしょうが、同時に、ンデモ論も含まれていたでしょう。私はそういう情報について「本当にそうなのかな」「何を根拠にいっているんだろう」と、一回考える姿勢が身につきました。このことは、言語学以外においても大切なことです。これから私は卒業論文の研究をするわけですが、先生の講義で培ったセンス・感覚を大切にして取り組みたいと考えています。

＊この意見は嬉しい。人の意見を鵜呑みにしないで、自分でも考えてみる。大学はそういう訓練をする場である。資格を取るための予備校ではない。

「比較言語学を過信してはいけない」というようなことを授業の中で何度も聞きました。「〜学」というように学問として確立されているにもかかわらず、何というか、ちょっと疑問がぬぐいされない面がある学問の存在を知りました。他の学問もそうなのかもしれませんが。

＊そうだよ、でも最近は、なんでもかんでも「〜学」になってしまうんだよ。それに携わる人たちが集まって、権威づけをおこなうからだね。だからここ数年で「〜論」から「〜学」になった分野がたくさんある。気をつけよう。

前期に別の歴史言語学を受けて、すべて印欧系の言語のみで話が続いて、日本語専攻である自分にはあまり興味が湧かない授業が続きました。それもそのはずです。私のふだん勉強している日本語や韓国・朝鮮語には、比較言語学の考え方を当てはめるのはとても難しいことだからです。

このことに今回、黒田先生の授業を受けて気づきました。やはり、比較言語学、歴史言語学は自分には向いていないようです。

＊このような意見は歓迎したい。わたしの講義を通して、自分の目指す方向とは違うことを確認できたとしたら、むしろ喜ばしいことだ。わたしは言語学を好きにするために洗脳活動をしているのではない。勉強の方向を探るためのお手伝いをしているのである。

半年間の講義を通して、比較言語学という学問の難しさを思い知らされました。まず、ヨーロッパの諸言語に関する知識が英語以外ほとんどなく、講義で取り上げられた多くの例などに対する理解がいまいち足りなかった気がします。多くの言語について初心者程度の知識は、やはり比較言語学の研究には必要不可欠な基盤だと感じました。これから、できるだけ多くの言語に触れていきたいと考えています。

＊これは留学生からのコメント。やっぱり、ヨーロッパの諸言語の例が多かったか。自分では制限したつもりだったんだけどなあ。それに加え、日本語を中心に取り組んでいる人には、やはり異質な世界だったのかもしれない。でもまあ、比較言語学に大感激して、これを無理やり日本語にも当てはめようとするよりは、ずっといいけれど。

この授業でいつも私がすごいなと感じていたことは、言語に関して慎重になっている先生の姿勢でした。どんなことに言及するときにも、「あくまで自分の一意見」という姿勢で教えてくださったのは、私にとって新鮮でした。多くの教授が「自分の意見が絶対だ」という感じを押しつけてくるのに対し、先生はあくまで「いろいろ意見がありますが、あくまで私は〜」と、私たちの意見をきちんと認めてくださることが嬉しかったたし、同時に言語学に少しでも携わった人間として、見習わなければならないな、と感じました。

＊いやいや、お誉めに与り光栄です。でもねえ、それは慎重さだけではないのかもしれないんだ。

突然に依頼されたこの講義を担当しながら、わたしはずっと考えていた。

比較言語学ってなんだろう。

そもそも、言語学ってなんだろう。

四年にわたって半年ずつ、比較言語学の授業をくり返しながら、こんなことを常に自分に問いかけてきた。だが答えはなかなか見つからなかった。あやふやな知識を読書で補いながら慎重に講義していたから、受講生にはそんなふうに見えたのかもしれない。

だが最後になって、ひとつ気づいたことがある。

わたしのやっている言語学って、ひどくズレているのではないだろうか。

わたしは言語学者ではないのかもしれない
（講義のあとの独り言）

比較言語学の講義を突然に担当することになり、いろいろ戸惑うこともあったけど、あれこれ準備したおかげで、少なくともわたし自身はとても勉強になった。言語学用語の細かい定義を確認したり、著名な印欧語学者の具体的な業績を調べたりしたおかげで、今まであやふやだった知識がハッキリした。何よりも「グリムの法則」が、やっと頭に入った気がする。なんとも頼りない話ではあるが。

いずれにせよ、比較言語学のおかげでたくさんの言語の系統が整理され、言語間の関係が明確に示されたことは、大きな功績である。すべての言語に適応できるわけではないし、方法論にも限界はあるけれど、やはり一通り知っておく価値があることには間違いない。

ところが、である。

本書をまとめるに当たって、あれこれいろんな言語学の本を読み比べているうちに、次のような記述を見つけたのだ。

「比較言語学の目標は、祖語を再建することにある」

えっ、そうなの？

でもさ、祖語っていうのは作業仮説でしょ？

作業仮説だとすれば、いくら追究したって完全に解明されることがない。そんなことが目標なのか。それに再建に熱心になりすぎたシュライヒャーは、すでに一九世紀から批判されている。何よりも学問分野として、それでは必ず行き詰ってしまうはずだ。

あっ、だから比較言語学は現代では人気がないのか。

比較言語学だけではない。

そもそも、言語学の目的とは何なのであろうか。

このような問いについて、これまではあまり深く考えてこなかった。だいたい、学問分野に無理して目的を作ろうとすると、なんだかコジツケみたいで、潔くないものができ上がる。大切なのは、言語自身を追究することである。

それにしても、言語学の目的って、どのように定義されているのだろうか。

ちょっと気になってきた。

比較的最近出版された、ある最先端の言語学の本を覗いてみた。一〇人近くの研究者による分担執筆である。「言語学」ではなくて「言語科学」という用語を使っているのだが、どこが違うのかイマイチ分からない。

その本によれば、言語科学というのは、あらゆる言語に共通の基本ルールがあるという理論からはじまった心の研究のことだという。おそらく一九五〇年代あたりから英語学の世界に大きな影響を及ぼした、生成文法という考え方が基本だといいたいのだろう。その立場は、心の在り方を探る心理的なアプローチであり、言語の多様性を記述しようとする文化人類学的なアプローチとは違うそうだ。

つまり、大切なのは心の在り方らしい。その本は入門書のような体裁を取りながらも、提供するのは「本物の言語データ」だと誇り、問いかけているのは研究者が実際に心を悩ませている問題だと強調する。これまでわたしは、言語については心ではなくて頭を悩ませるものだと考えていたのだが、どうもそうではないようだ。

だが「心の言語科学」では、データさえあれば知っている言語と知らない言語にアプローチの差はないという主張には、大きな違和感を覚えた。

えっ、言語自身を知らなくてもいいの？

言語そのものに向き合わなくても、研究はできるわけ？

それがどうやらできるらしいのだ。対象となる言語を熟知していることはプラスだとはいいながら、「言語を知っていること」と「言語現象を知っていること」は同じではないから、具体的に知っていようが知っていまいが、変わらないのだという。

「心の言語科学」は、ある現象に対する解釈を提示し、その妥当性について精度を高めていくものなのか。でも、対象となる言語を具体的に知らなければ、与えられたデータと分析方法だけで判断することになる。いわばゲームみたいなもので、ルールにしたがってプレイするしかないわけだ。実際「学生たちの分析の方がより的を得ていると思われることとさえ」あったという。

このような最先端の「心の言語科学」については、「的を得る」という表現も含めて、どうもついていけない。

「心の言語科学」は心の在り方を探る心理的なアプローチだと説明されているが、その際、ほかにも言語の多様性を記述しようとする文化人類学的なアプローチがあることが指摘されていた。

じゃあ、わたしのやっている言語学は、そっちのほうに近いのだろうか。

別の本を開いてみた。

その本は、いわゆるフィールド調査を中心におこなっている研究者による単著である。フィールド調査だったら、文化人類学的なアプローチであるはず。期待が持てる。

この「フィールドの言語学」の研究者によれば、言語学の最大の課題は個々の言語の構造の解明であるという。

先ほどとずいぶん違う。

「心の言語科学」では、個々の言語現象ではなく、あらゆる言語に共通の基本ルールを追究することが大切だとされていた。

ところが「フィールドの言語学」では、個々の言語の構造の解明が命なのである。

なるほど、わたしはこっちだ。よかった、理解者がいそうだ。

だが、次の指摘で、またまた途方にくれる。

「フィールドの言語学」では、個々の言語の構造の解明が重要であるため、言語学の当面の相対的重点は、未調査の言語の調査と分析にあるという。

でもそれじゃあ、わたしみたいにロシア語とかベラルーシ語といった、未調査ではなくて、すでに文法書も辞書もあるような言語は、はっきりいって「お呼びでない」ことになってしまう。

さらには、自分自身で言語調査をおこなうことなしに、先行研究や文献データにのみ頼るのは、「言語学者のやることではない」という厳しいおことば。

だとすれば、わたしのように、書かれたものを集めてあれこれ考えているようなタイプは、この研究者からすれば言語学者の風上にも置けないといわれそうだ。そもそもこれでは、文献中心の比較言語学は、言語学ではないことになってしまう。

こちらのグループにも入れてもらえない。

もしかしたら、わたしはそもそも言語学者ではないのかもしれない。

大学を辞めて以来、肩書がないので、どうしてもつけなければならないときには「言語学者」なんてエラそうに名乗っていたが、どうやらそれも適切ではなかったのか。

だが、「心の言語科学」と「フィールドの言語学」の間には、共通する目的がほとんどない。分かるのはわたしがどちらにも属さないことだけで、それ以上の答えはここで見つかりそうもない。

そこで別のアプローチとして、個別言語の概説書に当たることにした。

その中で、なかなか読みやすくてバランスのよい、英語学の入門書に出合った。安藤貞雄・澤田治美編『英語学入門』（開拓社）は現代英語のしくみについて、総合的に記述されている優れた本である。英語学が何をテーマとしているのか、おかげで非常によく分かった。
この本にも、言語学に関して定義がある。

言語学（linguistics）は、人間言語を音韻・形態・文法・意味の各レベルにおいて科学的に研究することによって、人間言語の構造・獲得・使用の本質を明らかにし、ひいては言語の働きから心の働きを見極めることを目指す学問である。（一ページ）

なるほど、これはどちらかというと「心の言語科学」に近い。でも生成文法は英語学から生まれたのだから、それも当然か。なお英語学については、「英語という個別言語を同様な各レベルにおいて研究することによって、英語という個別言語の特質を明らかにすることを目指す学問分野」としている。

読み進めていくうちに、興味深い記述を見つけた。「言語学」つまりlinguisticsという用語が、どのように使われるようになったのかという指摘である。

linguistics という用語は、一九世紀の半ばごろ、当時発達しはじめた比較文法に基づく言語研究を、伝統的な言語研究である philology と区別するために用いられるようになったものである。（二〜三ページ）

なんと、比較言語学こそがlinguisticsのはじまりなのだ。じゃあ、わたしがやっているのは、やっぱり linguistics なのかな。

それにしても、philology とはなんだろう。

フィロロジーは、言語を文化や文学を担うものとして研究するのに対して、言語学は言語自体を研究の対象とする。したがって、言語学では、文字や文学をもたない言語も研究対象となる。（三ページ）

ん？　もしかして、書きことばを中心にやっているわたしには、「フィロロジー」のほうが近いのかもしれないぞ。

フィロロジーはすぐれて歴史的であるが、言語学は通例、記述的（descriptive）である。（同ページ）

だとしたら、現在の言語学は linguistics のはじまりである比較言語学ではなくて、「フィールドの言語学」に近いことになる。

なるほど、これでだいぶ整理ができてきた。

わたしがやっているのは「フィロロジー」らしい。どうりで、linguistics のはじまりである比較言語学を担当するのは、最初から無理があったのだ。

では、「フィロロジー」の目的とは何か。

フィロロジーは、書かれた文献を手がかりにして民族の精神文化を研究することを究極目標とする点で、本来テキスト指向的であるのに対して、言語学はテキスト指向的ではない。言い換えれば、フィロロジーはもっぱら書き言葉を対象とし、データ中心的（data-oriented）であるのに対して、言語学はおもに話し言葉を対象とし、事実中心的（fact-oriented）である。（同ページ）

うーん、やっぱり違う。

わたしは「書かれた文献を手がかりにして」はともかく、「民族の精神文化を研究することを究極目標」としているつもりはない。だいたい、いくらスラヴ語派という同系言語ばかりを対象としているからといって、あれこれ複数の言語を追いかけていたら「民族の精神文化」には到達できない。それに「ロシア人は〇〇だけど、チェコ人は△△で…」のような話題は、何よりも嫌いなのである。

それに、「フィロロジー」がデータを中心に心や精神を探るのだとしたら、「心の言語科学」に意外と似ていることになる。もちろん民族ではなくて人間の普遍的なものを目指しているようだが、根は同じではないか。いずれにせよ、わたしの興味ではない。

さて、困った。

ここで初心に帰ろう。わたしは言語の何に興味があるのか。

まず専門がスラヴ語学のつもりでいることは、すでに冒頭でも述べた。だが、それだけでは比較言語学の講義は担当できない。複数の言語を対象とするときの方法を紹介することはできないかと考えて、引き受けたのであった。

いわば「複数言語学」である。

このような視点は、「心の言語科学」にも、「フィールドの言語学」にも、さらには「フィロロジー」にもない。でも、これがやりたいのだ。

また、わたしは語学教師である。しかも大学の第二外国語のような、まったくの初歩から手とり足とり教えることを基本に、長年仕事をしてきた。

第二外国語教育は、すでにある程度の知識を前提とした大学の英語教育や、留学生向けの日本語教育とは性質が違う。

だから、言語学を担当するにしても、第二外国語教師の言語学は、英語を専門とする人の言語学や、母語である日本語を教える人の言語学、さらにはフィールド調査を中心とした人の言語学とは、当然違うのではないか。

そう考えるとなんだか納得できる。

フランス語を教えながらソシュールについて研究した人。

チェコ語を教えながら一般言語学の講義を長らく担当した人。

スワヒリ語を教えながら言語人類学を紹介した人。

わたしが共感するのは、そういう人たちが書いた著作なのだ。人間の心の在り方とか、普遍的な文法とかには興味が持てない。書かれたものを対象にしているから、フィールド調査の方法は参考にならない。民族の精神だって、どうでもいい。

複数の個別言語に焦点を当てながら、文字文献を中心にして、しかも外国語教師であることを忘れない。そういう言語学なのである。

「心の言語科学」や「フィールドの言語学」や「フィロロジー」は、研究者もたくさんいる。これからも、それぞれの分野で発展していくことだろう。

だが、わたしは一人で違う道を、「複数言語学」の道を歩むことにした。

ということで、本書は「もしかしたら、わたしは言語学者ではないかもしれない」と悩む著者による、ちょっと奇妙な比較言語学なのである。

そう考えてもらえないだろうか。

おわりに

突如としてはじまった比較言語学の講義は、これまた突如として打ち切られてしまった。

もともと病気の先生のピンチヒッターだったので、こっちも一年（正確には半期）限りのつもりでいた。ところが、なんでも特別予算が付いたとかで、翌年も別枠で同じ内容を引き続き担当してほしいという。そういうことならと三年ほど続けてきたのだが、今度はこの予算が終わったので、先がないことになった。

おやまあ。

同じ枠で開講されていた科目はいくつかあったようだが、どれも大変に重要な科目であるらしく、なんらかの方法で延命策が講じられた。

しかし比較言語学については、担当者がすでに復帰しているのに加え、専門科目なのに受講生が毎年七〇人〜九〇人とふつうの一〇倍も集まったことから、それはおかしい、比較言語学でそんなに集まるはずがない、もしかしてあまり専門的でない、レベルの低い講義なのではないかという声が上がったようで、そのまま廃止となった。

そうだったのか、外国語大学。

大学の常識に疎いわたしは、またまた空気の読めないことをやってしまったらしい。そうか、専門科目でたくさんの受講生が集まるようじゃダメなんだな。そこで、比較言語学の代わりに翌年から担当することになった別の科目は、おもいっきり専門性を高め、ロシア語を含むスラヴ諸語が二つ以上できないと受講できないようにした。これで専門科目らしくなったはずである。

いずれにせよ、わたしが担当する「比較言語学」は、もう存在しない。

それにしても、苦しいながら担当を続けてきた講義が、これっきりになるのは少々惜しい。せっかくノートも作ったことだし、どこかでまとめて発表することはできないものか、などと厚かましいことを話していたら、これを聞きつけた白水社編集部の岩堀雅己さんが講義ノートを読んでくださることになり、それがキッカケでこのようなかたちでまとめることができた。岩堀さんにはこの場を借りて深く感謝したい。

改めてまとめてみれば、当初の予測通り、知識や情報のほとんどがあちこちの専門書に頼ってばかりいる事実が判明した。いくら授業のためとはいえ、これではあまりにも情けない。そこで、もうすこしオリジナリティーが出せないものかと、いろいろ書き加えてみたのだが、本筋とは直接関係のない雑談や脱線ばかりが増えてしまった。結果として、授業よりもさらに専門性が低くなっている。

ということで、本書を読了したからといって、比較言語学が分かったつもりになるのは非常に危険であることを、あらかじめ申し上げておきたい。

さらに詳しく知りたい方は、第一章の最後に挙げた参考文献を読むことをお薦めする。さらに本書のあちこちで引用した本も、いろんな意味で為になるはずだ。わたしが興味の持てなかった本や、共感できなかった本は、書名その他をボカしてある。わざわざ突き止めなくていいです。

言語が変わっていくのは、当たり前の話とはいえ、大切なテーマである。でもそのためには、歴史を知ることが不可欠だ。現在を正確に記述することを目指す「フィールドの言語学」や、まだ発せられてもいない未来の可能性まで追い求める「心の言語科学」ではできないことが、比較言語学ではやれそうな気がする。人文科学は過去を知ることが何より大切だと考えているわたしには、居心地のいい分野なのである。

とはいえ、それはわたし個人の問題。読者の方には、言語ってこんなにも変わっていくんだなあ、というようなことを、読後にぼんやりと感じとってくれたら、それだけで嬉しいのである。

＊＊＊

今回、版を改めるのに際して、横書きから縦書きへと変更し、合わせて加筆訂正をおこなった。さらに「コーヒーブレイク」と称して、短いエッセイをあちこち加えてみた。全体として、旧版以上に読み物らしさが増した。気楽に読める比較言語学というのも、悪くはあるまい。言語に興味があるのは、専門家だけではないのだから。

二〇一七年一一月

黒田龍之助

著者紹介

黒田 龍之助（くろだ　りゅうのすけ）
1964年、東京生まれ。上智大学外国語学部ロシア語学科卒業。東京大学大学院修了。スラヴ語学専攻。
主要著書
『ロシア語のかたち』『ロシア語のしくみ』『ニューエクスプレス ロシア語』『寝るまえ5分の外国語』『寄り道ふらふら外国語』『もっとにぎやかな外国語の世界［白水Uブックス］』（以上、白水社）、『羊皮紙に眠る文字たち』『外国語の水曜日』『ロシア語の余白』『チェコ語の隙間』（以上、現代書館）、『初級ロシア語文法』『初級ウクライナ語文法』『ぼくたちの英語』『ぼくたちの外国語学部』（以上、三修社）、『ウクライナ語基礎1500語』『ベラルーシ語基礎1500語』（以上、大学書林）、『はじめての言語学』『世界の言語入門』（以上、講談社現代新書）、『大学生からの文章表現』（ちくま新書）、『外国語をはじめる前に』（ちくまプリマー新書）、『ポケットに外国語を』『その他の外国語エトセトラ』（ちくま文庫）、『語学はやり直せる！』（角川oneテーマ21）、『外国語を学ぶための言語学の考え方』（中公新書）

装丁
三木俊一（文京図案室）

本書は2011年に弊社より刊行された『ことばは変わる』を組み替え、増補、改題したものです。

ことばはフラフラ変わる

二〇一八年一月一二日 第一刷発行
二〇一八年三月三〇日 第三刷発行

著者 ©黒田龍之助
発行者 及川直志
印刷所 株式会社精興社
発行所 株式会社白水社

東京都千代田区神田小川町三の二四
電話 営業部 〇三(三二九一)七八一一
編集部 〇三(三二九一)七八二一
振替 〇〇一九〇-五-三三二二八
郵便番号 一〇一-〇〇五二
www.hakusuisha.co.jp

乱丁・落丁本は、送料小社負担にてお取り替えいたします。

誠製本株式会社

ISBN978-4-560-08594-3

Printed in Japan

白水社の本

■黒田龍之助 著

寝るまえ5分の外国語

語学書書評集

語学参考書は文法や会話表現だけでなく、新たな世界の魅力まで教えてくれる。読めば読むほど面白いオススメの一〇三冊。

寄り道ふらふら外国語

英語のホラー小説をフランス語で読む。フランス映画を観てスペイン語が勉強したくなる。外国語の魅力はそれぞれの地域を越えて広がっていく。仏伊独西語の新たな楽しみ方満載の一冊。

もっとにぎやかな外国語の世界

この地球には数えきれないほどさまざまな言語がある。文字や音のひびきはもちろん、数え方や名付け方だっていろいろ違う。あなたにぴったりの〈ことば〉を見つける旅に出ませんか。

【白水Uブックス】版